走进企业财务部 | 会计实训系列丛书

一本真账搞定财税365 Ⅰ

单兴波 / 主编

中国市场出版社
China Market Press
·北 京·

图书在版编目（CIP）数据

一本真账搞定财税 365.1/单兴波主编. —北京：中国市场出版社，2016.9

（走进企业财务部·会计实训系列丛书）

ISBN 978-7-5092-1517-3

Ⅰ.①一… Ⅱ.①单… Ⅲ.①企业管理-财务管理 Ⅳ.①F275

中国版本图书馆 CIP 数据核字（2016）第 205529 号

一本真账搞定财税 365（1）

YI BEN ZHENZHANG GAODING CAISHUI 365（1）

主　　编：单兴波

责任编辑：宋　涛（zhixuanjingpin@163.com）

出版发行：中国市场出版社

社　　址：北京市西城区月坛北小街 2 号院 3 号楼（100837）

电　　话：（010）68034118/68021338/68022950/68020336

经　　销：新华书店

印　　刷：河北鑫宏源印刷包装有限责任公司

规　　格：210mm×285mm　16 开本

印　　张：20.75　　　　字　　数：300 千字

版　　次：2016 年 9 月第 1 版　　　　印　　次：2017 年 4 月第 2 次印刷

书　　号：ISBN 978-7-5092-1517-3

定　　价：39.00 元

单兴波

工商管理硕士，注册税务师。
大连市明基教育培训学校执行董事，
大连明基税务师事务所有限公司所长。
中国注册税务师协会 100 名专家库成员，
东北财经大学税务专业硕士指导教师，
大连交通大学特聘客座教授，
沈阳市国税局和大连市国税局特聘教师。

长年在全国多地讲授会计和税收知识。
为多家公司提供了企业会计和税收知识的内部培训。
为多家上市公司做税务顾问。曾服务过大连华锐、大连电磁集团、铁龙物流、中国银行辽宁省分行、大连银行、广发银行等多家上市公司及金融机构。
成功为某集团节税 1.26 亿元。

不是在学习，就是在旅行。

【个人宣言】

做税务行业里走得最远的人，做行者中税务讲得最好的人。
边走边学，边走边讲，一直在路上！

邮箱：shanxingbo@126.com

《一本真账搞定财税 365》

编委会

Daily 序言 Accounting and Taxation

我是一个来自实战前沿的财税人。1997年7月至2003年6月，我曾经在当时的北京市物资贸易学校担任过6年的会计教师，现在这个学校依然存在，只是重组为北京市商务科技学校。在学校期间，我带过学生的基础会计、财务会计、税务会计、银行会计、政府与事业单位会计、财会实务模拟等一系列课程。那时候，北京市的会计从业人员要考会计证（也就是会计从业资格证书），考生要做一套大的综合性实务模拟考题，考试内容涉及整理原始凭证、编制记账凭证、登记账簿、编制会计报表这样一整套实训内容。凭心而论，这样的考试是非常不容易的。那时，班里的同学都是全身心地投入到实务模拟之中。直到今天我还记得，当时我的同事吴彦秋、李卫星、赵仲、石新建、李连庆、张祖辉都是一门心思放在实操教学上，我们甚至为此还专门注册了一家会计咨询公司，以强化这方面的专业实践。

说了这么多，这些回忆到底跟单兴波老师的新书有什么关系呢？我觉得内在的渊源其实是非常深厚的。当年在教学期间，我们就一直在摸索实践性教学。如果说财会实务模拟已经强化了会计实战，但毕竟有其局限性，这个局限就是囿于强调会计操作本身，单纯强调会计技能。我们发现，很多中小企业对财务人员的要求是一专多能，不仅要能记账能算账，会报税会筹划，还要知道如何进行工商登记、如何办理社会保险和住房公积金，更要懂管理搞融资。因此，我们一直想编一本更加系统化、业务化、实战化的教科书。后来，我因事业发展离开了财会教学队伍，这些想法就慢慢搁浅了。但是在税务师事务所这个新的行业工作中，我又发现一些行业新兵、所里的新同事其实也非常需要这种纯粹实务化的辅导材料。一个企业一年的365天，每时每刻是如何运转的，资金是如何流动的，各类税收是如何产生、如何计算和确认的，账务是如何处理的，都需要一本贴心的辅导读物来讲解。

我一直很钦佩单兴波老师，特别喜欢她豁达的性格和不畏困难的实践精神。可以说，一看到单老师发来的书稿，我就感觉非常亲切，读着读着就仿佛又回到了我在中专学校当老师的悠悠岁月。那段青春年华虽然早已逝去，但会计实践的火种却被传承下来。单兴波老师的新书，就是一本写真化的会计实践手册，所有的资料、案例、文档全部取材于实际工作，看一遍全书你会发现，自己从头到尾经历了一个企业的完整业务；一个一个流程模拟下来，你会感觉自己已然走过了入职第一年的“新手”忐忑期。

南宋伟大的爱国主义诗人陆游曾经写过一首教子诗——《冬夜读书示子聿》，其中脍炙人口的佳句就是“纸上得来终觉浅，绝知此事要躬行”。诗人谈到获取知识时特别强调“要躬行”，不能纸上谈兵。这种感悟不单是一代大诗人冬夜读书的体会，更是其勤奋学习的经验总结。当然，我们现在大中专学校的会计毕业生，乃至更高的硕士博士研究生，未必有那么多的机会去实践，即使是实践也难以经历“辣么”系统化的磨砺。在这种情况下，如果能够潜心于单兴波老师的教材中，其实就像现在流行的 VR 一样，就是一个活生生的“躬行”过程。

写这篇序言的时候，我正准备飞往昆明，次日需要给云南世博旅游集团做一场营改增实务培训。接受培训的单位给我发来很多学员在实际工作中遇到的问题。这些问题其实都是活生生的教学案例，将来我们也应该将其整理成册，为财税实战大课堂添砖加瓦。

北京中翰联合税务师事务所合伙人

中国财税浪子王骏

2016 年 7 月于北京

Daily 前言 Accounting and Taxation

小明，对，就是那个从小学开始就一直挂在老师嘴边的好学生小明，大学毕业了。刚进公司的小明踌躇满志，那印着公司 LOGO 的咖啡杯看上去就像今后的日子一样美好。第三天，幸运的小明见到了传说中的男神，董事长周先生。周董递给小明一张汽车修理费发票。激动的小明接过后马上懵了，喃喃自语道："抬头是个人名字，不能……"是啊，学校里学的"报销凭证应该是公司的名字"嘛。没等董事长说话，一旁的财务主管化解了尴尬：小明，计入董事长的工薪所得。

这样的桥段对于财会专业的毕业生来说并不鲜见。刚刚走出象牙塔的他们，理论功底确实不错，这也是高校教育的成功之处。但一进入实操阶段，很快就会感到力不从心。再加上财税政策原本就一再更新，2016 年 5 月 1 日全面"营改增"之后，税收应用更是发生了很大变化。于是，加大财会实训课力度、优化实训课内容的需求越来越迫切。

走进企业财务部·会计实训系列丛书试图打造真正有用的财务实训课程。把学生领进企业财务部，手把手做一遍全年 365 天的每一项业务，就像真的在企业工作了一年一样。等到真正毕业入职时，或许别人用来加班的时间，你完全可以悠哉地品咖啡。若有人讨教秘籍，务必请别吝啬——

1. 绝对真实的企业账本

书中所有的原始凭证、记账凭证、财务报表都是真实的。读者沿裁切线撕下来，装订成册，就是一本真正的财务账本。企业一年的全部业务，财务实干专家手把手教你做一遍。学习完毕，读者绝对有理由珍藏——人生中第一本全真账本，职场生涯最初阶段的案头书。

2. 企业 365 天的所有业务

丛书从一个企业的成立讲起，对其进行连续 365 天 360°无死角的展示。由于跨越了会计年度，相当于讲解了企业两个工作年度的所有业务。包括年终结账并报表，以及企业所得税汇算全有涉猎。读者像是全能选手一样，从出纳、会计升到财务主管，把一整套企业财务业务流程全部体验一回。整套丛书将每个行业每两个月的真实账本编制成一本教材，全年共 6 本。

3．精选多行业企业代表

丛书覆盖工业企业、房地产业、物流业、商贸企业、建筑业等多行业。每个行业选取最具有代表性的企业，以账本的形式，详细解读企业从设立、筹建、采购、投入、生产到销售等各项工作。无论你要进入哪个行当，轻松帮你搞定企业连续 365 天跨年的所有会计和税务处理。

4．最新的实务干货

首先，这套丛书选取的业务都是“营改增”之后的，遵从的税收政策新。其次，全套书囊括了 365 天的连续业务，时时更新。企业每天都会紧跟现行政策走，读者在学习的过程中，移步换景，掌握的都是最新的实务干货。

5．零基础平趟财务部

本丛书已被指定为明基教育会计实战网络课程的配套教材。网络课程中，实务专家对书中每项业务的知识点进行了深度讲解，结合电算化教学，手把手帮助学生完成经济业务分析、制作会计凭证、录入电脑、月底结账、做会计报表、税务报表和企业报表一整套企业财务流程，让学生身临其境地在企业财务部“工作”了 365 天。不论你基础如何，起点在哪里，只要掌握了书中内容，就可以在入职后淡定地行走在财务部。

《一本真账搞定财税 365（1）》重点针对的是工业企业，适用范围比较广。全书以一家北京的设备制造有限公司为例，先是简要介绍了公司的背景，包括企业概况、企业会计制度、公司章程等。重点列示了该公司 2016 年 5 月、6 月两个月的全部业务及财务会计报表、税务报表等。其详细程度包含股东投资、租赁房屋、申请出差备用金、报销业务招待费、购买电脑、安装宽带，等等。学好此书，等于你在这家公司的财务部拿了两个月的薪水。

这套书最适合高校财税专业的学生。学好它们，日后无论走进哪家财务部，你都无比自信。

由此也真诚地把这套书推荐给高校财税专业的老师。建议您换换实训教材，让教学更有趣更有用，您会收获更多的“学粉”。

还有那些有志于从事财务会计工作的自学者，这套书是你最实用的临摹、起步工具书。

最后要关爱的是职场的财务“新人”。如果你正深陷无穷无尽的加班仍旧漏洞百出，看看这套书吧，它能帮你理清头绪。

购买此书的同时，你会拥有试听价值 100 元的网络课程的权利。扫描封底二维码，网络课程会提速你的进步。

现实中，企业业务复杂多变，其真实账务必然有误。本书为了真实呈现企业原貌，原汁原味地反映企业的真实账本，故纰漏之处也未加处理。但在网络课程中，将对所有纰漏之处进行分析讲解。

囿于时间、经验以及编者水平，书中难免存在疏漏与错误，恳请读者批评指正。读者如有更好的建议，请与我们联系，谨表谢意。

编者

2016 年 8 月

Daily 目 录
Accounting and Taxation

D aily Accounting and Taxation

第一篇

企业背景资料

- 公司成立流程图
- 企业概况
- 企业会计制度
- 公司章程
- 环境评估报告
- 开户许可证
- 营业执照

一、公司成立流程图

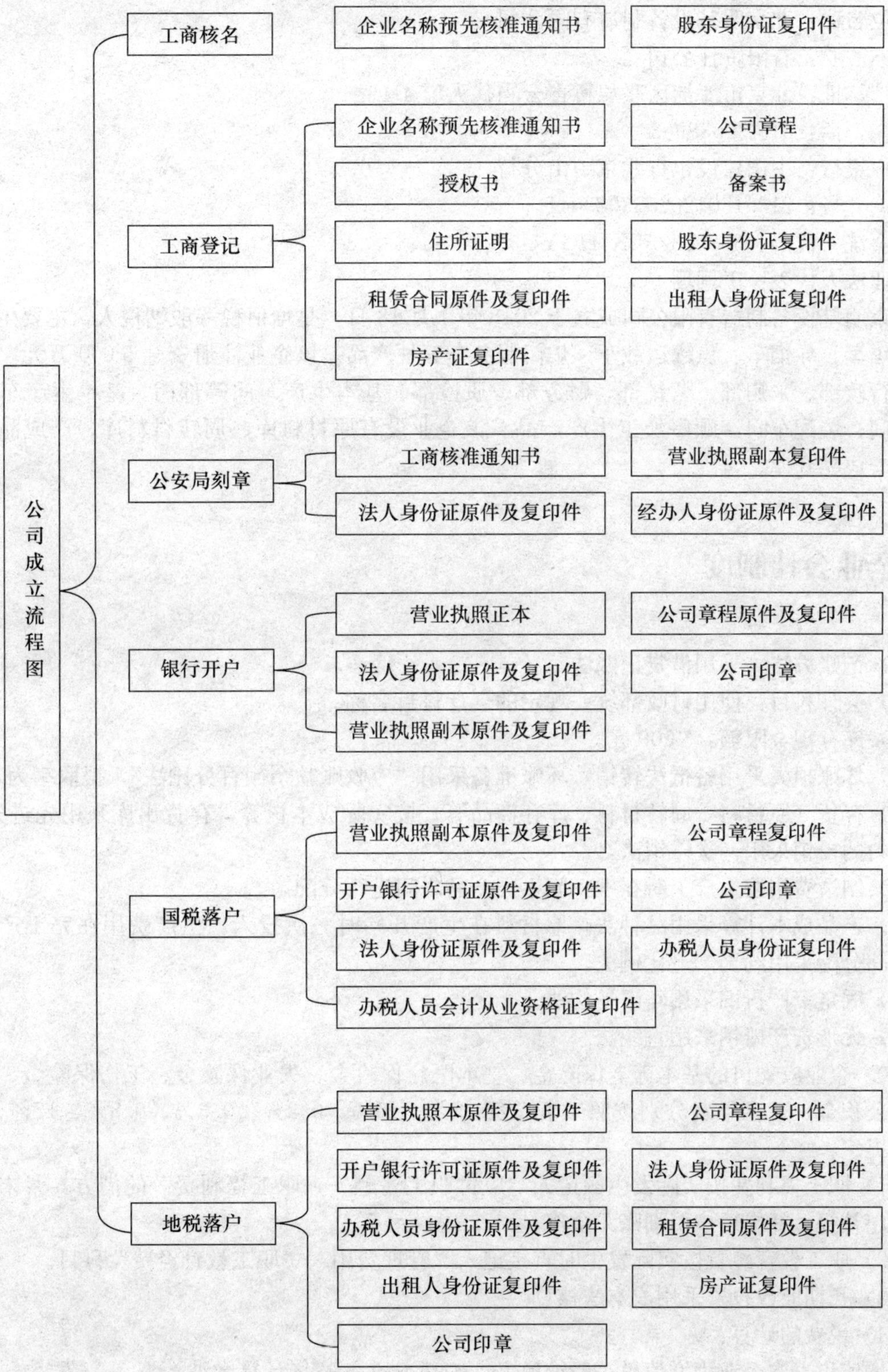
公司成立流程图
工商核名
企业名称预先核准通知书
股东身份证复印件
工商登记
企业名称预先核准通知书
公司章程
授权书
备案书
住所证明
股东身份证复印件
租赁合同原件及复印件
出租人身份证复印件
房产证复印件
公安局刻章
工商核准通知书
营业执照副本复印件
法人身份证原件及复印件
经办人身份证原件及复印件
银行开户
营业执照正本
公司章程原件及复印件
法人身份证原件及复印件
公司印章
营业执照副本原件及复印件
国税落户
营业执照副本原件及复印件
公司章程复印件
开户银行许可证原件及复印件
公司印章
法人身份证原件及复印件
办税人员身份证复印件
办税人员会计从业资格证复印件
地税落户
营业执照本原件及复印件
公司章程复印件
开户银行许可证原件及复印件
法人身份证原件及复印件
办税人员身份证原件及复印件
租赁合同原件及复印件
出租人身份证复印件
房产证复印件
公司印章

二、企业概况

单位名称：北京明基设备制造有限公司
性　　质：有限责任公司
地　　址：北京市海淀区联想桥青云当代大厦 4-1
电　　话：010-36538963
开户银行：中国建设银行北京中山分行
账　　号：21201501200053025041
社会统一代码：65896325LKJHGYU56
企业法人代表：王珊珊

北京明基设备制造有限公司成立于 2016 年 4 月 18 日，是增值税一般纳税人，主要生产电机车、熄焦车、导烟车、焦罐运载车、炉门服务车五种产品。该企业注册资金 5 000 万元，设有公司人事行政部、采购部、营销部、财务部、质检部、基本生产车间等部门。基本生产车间下设加工车间、装配车间，顺序加工生产产品。该企业设有原材料库、周转材料库、产成品库，不设自制半成品仓库。

三、企业会计制度

（1）记账方法：采用借贷记账法

（2）会计科目：使用财政部统一规定的会计科目名称。

（3）库存现金限额：5 000 元。

（4）坏账损失采用备抵法转销，坏账准备采用“应收账款余额百分比法”，提取率为 3‰。

（5）存货（原材料、周转材料、库存商品等）按实际成本核算，存货出库采用先进先出法。周转材料的摊销采用一次摊销法。

（6）制造费用按生产工时在本车间不同产品之间进行分配。

（7）产品成本计算采用品种法，原材料在生产开始时一次投入。生产费用在完工产品和在产品之间分配采用约当产量比例法。

（8）固定资产折旧采用年限平均法。

（9）无形资产摊销采用直线法。

（10）企业应支付的基本养老保险金、基本医疗保险金、失业保险金、工伤保险金、生育保险金、公积金、工会经费分别按照工资总额 19%、10%、0.3%、0.3%、0.8%、12%、2%的比例计提。

（11）职工福利费按实际发生额记入“应付职工薪酬——职工福利费”的借方，月末按人员所属部门补提。补提后该明细账无余额。

（12）职工教育经费按实际发生时直接记入“管理费用——职工教育经费”科目。

（13）长期股权投资采用成本法核算。

（14）税费的计算：

①增值税：本企业为增值税一般纳税人，按基本税率 17%计算缴纳。

②城市维护建设税：按增值税的 7%计算缴纳。

③教育费附加：按增值税的3%计算缴纳。

④地方教育费附加：按增值税的2%计算缴纳。

⑤企业所得税：按应纳税所得额的25%计算缴纳。税法规定按季预缴，年终汇算清缴。

(15) 该企业采用“账结法”计算每月利润总额和净利润。

(16) 利润分配比例：

①法定盈余公积：按净利润的10%计提。

②任意盈余公积：按净利润的5%计提。

③投资者利润分配：计提盈余公积后所剩利润的50%按投资者出资比例分配。

四、公司章程

一、总　　则

第一条　依据《中华人民共和国公司法》、《中华人民共和国公司登记管理条例》及有关法律、法规的规定，制定本公司章程。本公司章程对公司股东、董事、监事、经理均具有约束力。

第二条　公司经公司登记机关核准登记并领取法人营业执照后即告成立。

二、公司名称和住所

第三条　公司名称：北京明基设备制造有限公司。

第四条　公司住所：北京市海淀区联想桥青云当代大厦4-1。

三、公司的经营范围

第五条　公司的经营范围：冶金、矿山设备设计、制造、安装、维修，普通机械设计。

四、公司注册资本

第六条　公司的注册资本为全体股东实缴的出资总额人民币5 000万元。

第七条　公司注册资本的增加或减少必须经股东会代表2/3以上表决权股东一致通过，增加或减少的比例、幅度必须符合国家有关法律、法规的规定，而且不应影响公司的存在。

五、公司股东名称

第八条　凡持有本公司出具的认缴出资证明的为本公司股东，股东是法人的，由该法人的法定代表人或法人的代理人代表法人行使股东权利。

第九条　公司在册股东共5人，全部是自然人股东。

股东名录：

1. 自然人名称：王珊珊

　住　　所：北京市朝阳区永顺东里2号院

　认缴出资额：2 000万元，占公司注册资本的40%

　出资方式：货币

　认缴时间：2016年5月30日

2. 自然人名称：杨林

　住　　所：北京市丰台区马家堡1单元

认缴出资额：1 000 万元，占公司注册资本的 20%
出资方式：货币
认缴时间：2016 年 5 月 30 日

3. 自然人名称：吴华
住　　所：北京市海淀区颐和山庄 2 号院
认缴出资额：1 000 万元，占公司注册资本的 20%
出资方式：货币
认缴时间：2016 年 5 月 30 日

4. 自然人名称：曹雪娜
住　　所：北京市东城区魔方公寓 5 号院
认缴出资额：500 万元，占公司注册资本的 10%
出资方式：货币
认缴时间：2016 年 5 月 30 日

5. 自然人名称：习城
住　　所：北京市昌平区绿城阳光 3 单元
认缴出资额：500 万元，占公司注册资本的 10%
出资方式：货币
认缴时间：2016 年 5 月 30 日

第十条　公司置备股东名册，并记载下列事项：
1. 股东的姓名或者名称及住所；
2. 股东的出资额；
3. 出资证明书编号。

六、股东的权利和义务

第十一条　公司股东享有以下权利：
1. 出席股东会，按出资比例行使表决权；
2. 按出资比例分取公司红利；
3. 有权查询公司章程、股东会会议记录、财务会计报表；
4. 公司新增资本时，可优先认缴出资；
5. 按规定转让出资；
6. 其他股东转让出资，在同等条件下，有优先购买权；
7. 有权在公司解散清算时按出资比例分配剩余财产。

第十二条　公司股东承担以下义务：
1. 遵守公司章程；
2. 按期缴足认购的出资；
3. 以其出资额为限对公司承担责任；
4. 出资额只能按规定转让，不得退资；
5. 有责任保护公司的合法权益，不得参与危害公司利益的活动；
6. 在公司登记后，不得抽回出资；
7. 在公司成立后，发现作为出资的实物、工业产权、非专利技术、土地使用权的实际价额显著低于公司章程所定价额的，应当由交付该出资的股东补交其差额，公司设立时的其他股东对其承担连带责任。

七、股东（出资人）的出资方式和出资额

第十三条　出资人以货币认缴出资额。（以实物、工业产权、非专利技术、土地使用权认缴出资额，应提交相应证件，经其他股东同意，评估折算成人民币并于公司成立后6个月内依法办理其财产权的转移手续，在出资证明中注明。）

第十四条　出资人按规定的期限于 2016 年 5 月 30 日前缴足认资额，逾期未缴足出资的股东，向已足额缴纳出资的股东承担违约责任。

第十五条　全体出资人缴纳出资额后，经会计师事务所验证并出具验资报告经公司登记机关登记后，公司对出资人签发出资证明书，出资人即成为公司股东。

八、股东转让出资的条件

第十六条　股东之间可以相互转让其全部出资或者部分出资。

第十七条　股东向股东以外的人转让其出资时，必须经全体股东过半数同意，不同意转让的股东应当购买该转让的出资，如果不购买该转让的出资，则视为同意转让。

第十八条　经股东会同意转让的出资，在同等条件下，其他股东对该出资有优先购买权。

第十九条　股东依法转让其出资后，由公司将受让人的姓名或者名称、住所以及受让的出资额记载于股东名册。

九、公司的机构及其产生办法、职权、议事规则

（一）股东会

第二十条　股东会是公司的权力机构。股东会由公司全体在册股东组成。股东会成员名单：王珊珊　杨林　吴华　曹雪娜　刁城。

第二十一条　公司股东会依法行使下列职权：

1. 决定公司经营方针和投资计划；
2. 选举和更换董事，决定有关董事的报酬事项；
3. 选举和更换由股东代表出任的监事，决定有关监事的报酬事项；
4. 审议批准董事会报告；
5. 审议批准监事或监事会报告；
6. 审议批准公司年度财务预算方案、决算方案；
7. 审议批准公司利润分配方案和弥补亏损方案；
8. 对公司增、减注册资本做出决议；
9. 对股东向股东以外的人转让出资做出决议；
11. 对公司合并、分立、变更公司形式、解散和清算等事项做出决议；
12. 授权董事会对设立分公司做出决议；
13. 修改公司章程。

第二十二条　股东会分为股东年会和临时股东会两种形式。年会每年召开一次，在会计年度结束后 2 个月内召开。临时会由董事会提议召开，有下述情况时应召开临时会：代表 1/4 以上表决权的股东或 1/3 以上的董事、监事提议召开时，临时股东会不得决议通知未载明的事项。

第二十三条　股东会由董事会召集（首次股东会由出资额最高的股东召集、主持），董事会于会前 15 日以书面方式通知所有股东。通知应载明召集事由、会议地点、会议日期等事项。

第二十四条　股东会由董事长主持；董事长不能履行职务或不履行职务的，由副董事长主

持；副董事长不能履行职务或不履行职务的，由半数以上董事共同推举一名董事主持。

第二十五条　股东在股东会上按其出资比例行使表决权。

第二十六条　股东会决议有普通决议和特别决议两种形式。

普通决议由代表公司 2/3 表决权以上的股东出席，并经代表 1/2 以上表决权的股东通过。

特别决议由代表公司 3/4 表决权以上的股东出席，并经代表 2/3 以上表决权的股东通过。

第二十七条　下列决议由特别决议通过：

1. 增、减注册资本；

2. 公司合并、分立、终止及清算、变更公司形式、设立分公司；

3. 修改公司章程。

第二十八条　未能满足第二十六条时，会议延期 10 日召开，并再次向未到席的股东发出通知，延期后仍未达到条件时则视为有效数额，并按实际出席股东代表的表决权满足第二十六条的表决比例时，做出的决议即为有效。

第二十九条　股东会会议应做记录，经出席股东代表签字后，由公司存档。

（二）董事会

第三十条　公司设立董事会，为公司股东会的常设执行机构，对股东会负责。

董事会由 3 名董事组成，设董事长一名。

董事会成员名单如下：

董事长：王珊珊

董事：杨林、吴华

第三十一条　董事由股东会选举产生。

第三十二条　董事长和副董事长由半数以上的董事选举产生。

第三十三条　董事的每届任期年限为 3 年。届满可连选连任。为保持公司经营活动具有连续性，每次换届人数不应高于董事总数的三分之一。董事任期未满前，股东会不得无故解除其职务。

第三十四条　董事会每半年召开一次，由董事长召集主持；董事长不能履行职务或不履行职务的，由副董事长召集主持；副董事长不能履行职务或不履行职务的，由半数以上董事共同推举一名董事召集主持。召集人应在会前 10 日书面通知各董事。若经 1/3 以上董事提议，应召开特别董事会。董事会决议的表决，实行一人一票。董事会决议须经半数以上董事通过。

第三十五条　董事会行使下列职权：

1. 负责召集股东会，并向股东会报告工作；

2. 执行股东会决议；

3. 决定公司经营计划和投资方案；

4. 制定公司年度预算方案、决算方案；

5. 制定公司利润分配方案、弥补亏损方案；

6. 制定公司增减注册资本的方案；

7. 拟定公司合并、分立、变更公司形式、设立分公司、解散的方案；

8. 决定公司内部管理机构的设置；

9. 聘任、解聘公司经理，根据公司经理提名聘任或解聘公司副经理、财务负责人并决定其报酬事项；

10. 制定公司基本管理制度；

11. 股东会赋予的其他职权。

其中第 3、4、5、6、7、9 项应经 2/3 的董事表决同意，其余由过半数董事表决同意。

第三十六条　董事会会议应做记录，由出席董事签字存档；

第三十七条　董事长的职权：

1. 召集、主持股东会和董事会；

2. 检查董事会决议的实施情况；

3. 签署出资证书。

（三）监事会

第三十八条　监事会是公司常设监察机构，对公司的董事会、董事、公司高级职员进行监督。

第三十九条　监事会成员3人，每届任期3年，届满可连选连任。其中2人由股东会选举产生，1人由职工代表担任，监事会中的职工代表由公司职工选举产生。（公司董事、经理及财务负责人不得担任监事。）

监事召集人由监事会同意推选产生。

本届监事会成员：3人，其中：1人为监事会召集人。

第四十条　监事会或监事行使下列职权：

1. 检查公司财务；

2. 对董事、经理执行公务时违反法律、法规、公司章程的行为进行监督；

3. 当董事和经理的行为损害公司利益时，要求董事和经理予以纠正；

4. 提议召开临时股东会。

第四十一条　监事会议事规则：监事会决议应2/3以上的监事同意方为有效。

（四）公司经理及其他高级职员

第四十二条　公司的日常经营活动由董事会授权给公司经理负责。

公司经理由董事会聘任或解聘。副经理、财务负责人等公司高级职员由公司经理提名，董事会聘任或解聘。

第四十三条　经理对董事会负责行使下列职权：

1. 主持公司日常生产经营管理工作，组织实施董事会决议；

2. 组织实施公司年度经营计划和投资方案；

3. 拟定公司内部管理机构的设置方案；

4. 拟定公司基本管理制度；

5. 制定公司具体规章；

6. 提请聘任或解聘公司副经理、财务负责人；

7. 聘任或解聘由董事会聘任或解聘以外的其他管理人员；

8. 列席董事会会议。

第四十四条　下列人员不得担任公司的董事、监事、经理：

1. 无民事行为能力或者限制民事行为能力；

2. 因犯有贪污、贿赂、侵占财产、挪用财产罪或者破坏社会经济秩序罪，被判处刑罚，执行期满未逾5年，或者因犯罪被剥夺政治权利，执行期满未逾5年；

3. 担任因经营不善破产清算的公司、企业的董事或者厂长、经理，并对该公司、企业的破产负有个人责任的，自该公司、企业破产清算完结之日起未逾3年；

4. 担任因违法被吊销营业执照的公司、企业的法定代表人，并负有个人责任的，自该公司、企业被吊销营业执照之日起未逾3年；

5. 个人所负数额较大的债务到期未清偿；

6. 国家公务员、现役军人、法官、检察官、警官等。

公司违反前款规定选举、委派董事、监事或者聘任经理的，该选举、委派或者聘任无效。

第四十五条　董事、监事、经理应承担下列义务：

1. 董事、监事、经理应当遵守公司章程，忠实履行职务，维护公司利益，不得利用在公司的地位和职权为自己谋取私利。

2. 董事、监事、经理不得利用职权收受贿赂或者其他非法收入，不得侵占公司的财产。

3. 董事、监事、经理不得挪用公司资金或者将公司资金借贷给他人。

4. 董事、监事、经理不得将公司财产以其个人或者以其他个人名义开立账户存储。

5. 董事、监事、经理不得以公司资产为本公司的股东或者其他个人债务提供担保。

6. 董事、监事、经理不得自营或者为他人经营与其所任职公司同类的营业或者从事损害本公司利益的活动。从事上述营业或者活动的，所得收入应当归公司所有。

7. 董事、监事、经理除公司章程规定或者经股东会同意外，不得同本公司订立合同或者进行交易。

8. 董事、监事、经理除依照法律规定或者经股东会同意外，不得泄露公司秘密。

9. 董事、监事、经理执行公司职务时违反法律、行政法规或者公司章程的规定，给公司造成损害的，应当承担赔偿责任。

第四十六条　公司经理及其他高级职员不得违背股东会和董事会的决议，不得超越董事会的授权，若因此而给公司造成损失的应负赔偿责任。

第四十七条　公司经理及其他由董事会聘任的高级职员请求辞职，应提前 30 天报告董事会，董事会在接到申请起 10 日内做出决议允许请求辞职的高级职员在 10 日后辞职，在批准辞职前公司高级职员必须继续履行其职责。若违反此条规定给公司造成损失的应负赔偿责任。

十、公司的法定代表人

第四十八条　公司的法定代表人为公司董事会董事长。法定代表人代表公司参与民事诉讼活动。法定代表人应全力维护公司的利益。

现任法定代表人是：王珊珊。

十一、公司的解散事由与清算办法

第四十九条　公司经营期限为永久存续。

第五十条　公司出现下述情况时，应予解散：

1. 公司章程规定的营业期限届满时，股东会认为不再继续存在；
2. 因合并或分立而解散；
3. 股东人数或注册资本达不到《公司法》要求；
4. 因资不抵债被宣告破产；
5. 违反法律、法规、危害公共利益，被执法部门撤销；
6. 股东会特别决议决定解散。

第五十一条　公司依照前条 1、2、3、6 项规定解散的，应在 15 日内成立清算组，清算组由股东组成。（公司债权人代表可参加组成清算组）

第五十二条　公司清算组成立后 10 日内通知债权人，在 60 日内在报纸上公告 3 次，债权人应在 90 日内向清算组申报债权。

第五十三条　清算组在清算期间行使下列职权：

1. 清理公司财产，编制资产负债表及财产清单；
2. 通知和公告债权人；
3. 处理与清算有关公司未了结的业务；
4. 清缴所欠税款；
5. 清理债权、债务；

6. 处理公司清偿债务后的剩余财产；

7. 代表公司参与民事诉讼活动。

第五十四条　清算组在公司债权人债权申报期间不得对公司债权人进行清算，但本公司不能因此免除对因推延清偿而引起的损害承担赔偿责任。

第五十五条　清算期间公司不得开展新的经营活动。

第五十六条　清算组在发现公司财产不足清偿所负债务时，必须立即停止清算，并按有关程序报人民法院申请破产。

第五十七条　依照第五十条 4、5 项终止公司，应由人民法院按破产程序处理。

第五十八条　公司经人民法院裁定宣告破产后，清算组应将清算事务移交给人民法院。

第五十九条　公司财产优先拨付清算费用，剩余按下列顺序清偿：

1. 职工工资、奖金、劳动保险费用；

2. 税款；

3. 公司债务。

第六十条　公司清偿债务后，将剩余财产按股东出资比例分配给股东。

第六十一条　清算结束后，清算组提交清算报告，并编制清算期内收支报表和各种财务账目，向原登记机关办理注销手续，公告公司终止。

十二、公司财务、会计

第六十二条　公司应当依照法律、行政法规和国务院财政主管部门的规定建立本公司财务、会计制度。

第六十三条　公司应当在每一会计年度终了时制作财务会计报告，并依法经审查验证。

财务会计报告应当包括下列财务会计报表及附属明细表：

1. 资产负债表；

2. 利润表；

3. 财务状况变动表；

4. 财务情况说明书；

5. 利润分配表。

第六十四条　公司应当于会计年度结束后 30 日内将财务会计报告送交各股东。

第六十五条　公司分配当年税后利润时，应当提取利润的 10%列入公司法定公积金，公司法定公积金累计额为公司注册资本的 50%以上的，可不再提取。

公司的法定公积金不足以弥补上一年度公司亏损的，在依照规定提取法定公积金之前，应当先用当年利润弥补亏损。

公司在从税后利润中提取法定公积金后，经股东会决议可以提取任意公积金。

公司弥补亏损和提取公积金后所余利润，按照股东的出资比例进行分配。

股东会或者董事会违反前款规定，在公司弥补亏损和提取法定公积金之前向股东分配利润的，必须将违反规定分配的利润退还公司。

第六十六条　公司的公积金用于弥补公司亏损、扩大公司生产经营或者转为增加公司资本。

第六十七条　公司除法定的会计账册外，不得另立会计账册。

对公司资产，不得以任何个人名义开立账户存储。

十三、附　则

第六十八条　本章程经公司登记机关登记后生效。

第六十九条　本章程依照法定程序修改后未涉及登记事项的，公司应将修改后的公司章程或公司章程修正案送公司登记机关备案，涉及登记事项变更的，应向公司登记机关申请变更登记。

第七十条　本章程的订立日期为 2016 年 4 月 10 日。

全体股东（签字盖章）：王莉莉 杨林 吴伟 贾雪娜 丁城

2016年4月10日

五、环境评估报告

审批意见：

环评许准字[2016]第 020364 号

1、同意北京明基设备制造有限公司在北京大兴区长安街道302号租用北京电车工厂厂房建设，从事冶金设备、矿山设备设计制造、生产，无表面处理工艺；项目投资 100 万人民币，占地面积 2125 平方米，建筑面积 1500 平方米；

2、生产加工在车间内进行，并采取隔音、减震措施，控制噪声对周围环境的影响，噪声排放应达到《工业企业厂界噪声标准》III 类要求，即昼间 65 分贝，夜间 55 分贝；

3、机械加工中的切削液循环使用、严禁排放，确须更换时由专人负责装桶送至有资质证的专业厂家处理；

4、生产下角料、废铁渣集中回收利用，焊渣、垃圾等固体废物及时清理；

5、生活污水经化粪池厌氧分解后定期由市政部门清淘外运或综合利用，不得外排；

6、冬季取暖和职工食堂均由大连电车工厂提供；

7、未经环保部门批准不得擅自扩大生产规模、增加生产项目、改变生产工艺；

8、凭此件可办理工商执照；在项目试生产前三个月内，到大兴区环保分局办理排污申报手续，并及时向环保审批部门申请验收，经验收合格后方可正式生产。

如对本批复有异议，自收到批复之日起 60 日内，可向北京市人民政府或北京市环境保护局申请复议；或在 3 个月内向大兴区人民法院提起诉讼。

依照《中华人民共和国行政许可法》第 38 条第 1 款、《中华人民共和国环境影响评价法》第 22 条第 3 款规定，决定准予你（单位）取得该行政许可。

公章

经办人：苏红芳

2016 年 4 月 8 日

验收意见：

环验许准字[2016]第020325号

1、同意北京明基设备制造有限公司正式生产。

2、严格按审批要求进行生产，未经环保审批部门批准不得改变工艺、增加项目、扩大规模。

3、严格控制设备噪声对周围的影响，确保噪声达标排放。

4、固体废物及时清理，按相关规定处理、处置，不得随意排放。

5、依法经营、排污申报、缴纳排污费。

如对本批复有异议，自收到批复之日起60日内，可向北京市人民政府或北京市环境保护局申请复议或在3个月内向大兴区人民法院提起诉讼。

依照《中华人民共和国行政许可法》第38条第1款、《建设项目环境保护验收管理办法》第17条规定，决定准予你（单位）取得该行政许可。

北京市环境保护局 公章

经办人：

2016年5月12日

六、开户许可证

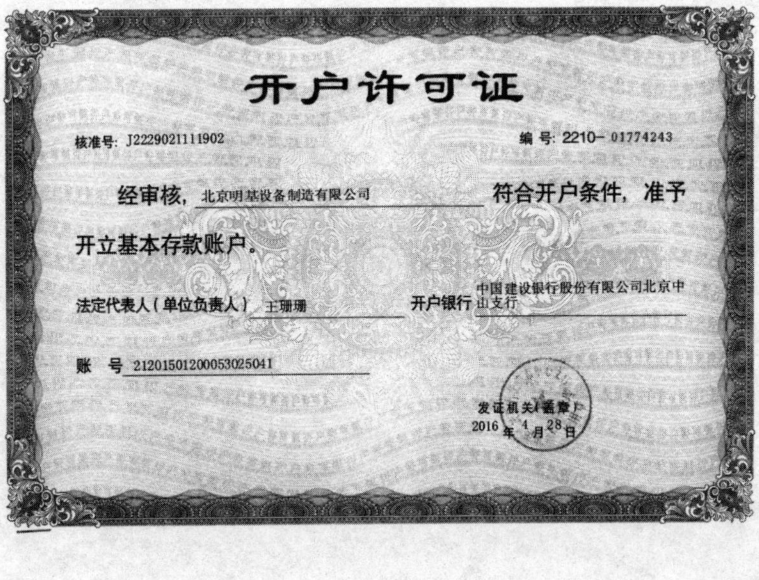

开户许可证

核准号：J2229021111902　　编号：2210-01774243

经审核，北京明基设备制造有限公司符合开户条件，准予开立基本存款账户。

法定代表人（单位负责人）王珊珊　　开户银行 中国建设银行股份有限公司北京中山支行

账号 21201501200053025041

发证机关（盖章）

2016年4月28日

七、营业执照

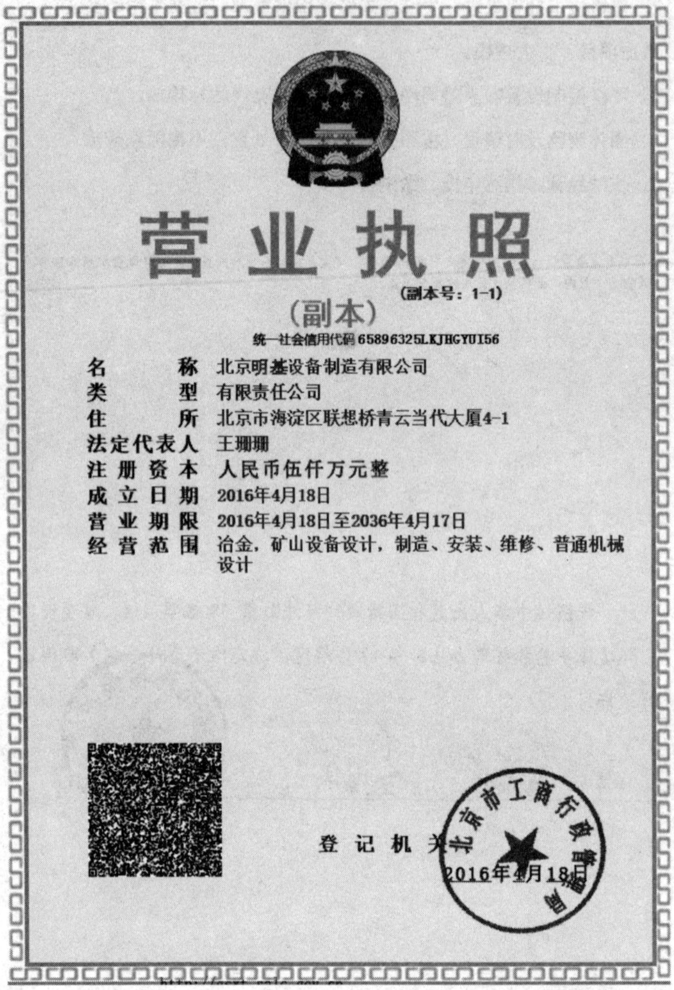

营 业 执 照

（副本号：1-1）

（副本）

统一社会信用代码 65896325LKJHGYUI56

名　　称　北京明基设备制造有限公司

类　　型　有限责任公司

住　　所　北京市海淀区联想桥青云当代大厦4-1

法定代表人　王珊珊

注册资本　人民币伍仟万元整

成立日期　2016年4月18日

营业期限　2016年4月18日至2036年4月17日

经营范围　冶金，矿山设备设计，制造、安装、维修、普通机械设计

登记机关　北京市工商行政管理局

2016年4月18日

D

aily

Accounting and Taxation

第二篇

企业日常经济业务

- 2016 年 5、 6 月份发生的经济业务
- 账务处理

一、2016 年 5、6 月份发生的经济业务

（一）2016 年 5 月份发生的经济业务

1. 2016 年 5 月 3 日，收到股东王珊珊根据公司章程约定于公司成立之 30 日内投入的投资款 20 000 000 元，通过银行转账转入公司基本账户——建设银行中山支行。

2. 2016 年 5 月 5 日，收到股东杨林、吴华根据公司章程约定于公司成立之日起 30 日内分别投入的投资款 10 000 000 元，两个股东均通过银行转账转入公司基本账户——建设银行中山支行。

3. 2016 年 5 月 10 日，收到股东刁城、曹雪娜根据公司章程约定于公司成立之 30 日内分别投入的投资款 5 000 000 元，两个股东均通过银行转账转入公司基本账户——建设银行中山支行。

4. 2016 年 5 月 11 日，经批准，出纳周磊前往建设银行提取备用金 5 000 元用于日常业务支付。

5. 2016 年 5 月 16 日，与北京腾飞物业管理公司签订房屋租赁合同，经领导批准，支付公司一年的办公楼租金 1 200 000 元。

6. 2016 年 5 月 6 日，周敬飞报销办理工商登记等手续费 500 元，用现金支付。

7. 2016 年 5 月 10 日，与深圳长城家具有限公司签订购买办公桌椅合同，合同金额 39 510 元。经领导批准后，于当月 16 日付 30％预付款。

8. 2016 年 5 月 20 日，周敬飞报销购买办公用品费用 300 元，用现金支付。

9. 2016 年 5 月 20 日，综合管理部张小军准备前往广东采购办公家具，申请出差备用金 2 000 元。

10. 2016 年 5 月 23 日，公司办公室王龙招待北京中钢公司业务人员，报销业务招待费 1 600 元。

11. 2016 年 5 月 23 日，与北京黎明钢结构有限公司签订厂房租赁合同，租赁其厂房 10 年，每年支付一次房屋租金。经领导批准，支付一年的厂房租金 3 600 000 元。

12. 2016 年 5 月 23 日，经营部张光明去上海出差，申请差旅费备用金 2 000 元。

13. 2016 年 5 月 25 日，从京东电子有限公司购买电脑 40 台，单价 4 000 元，经领导批准，支付设备款 160 000 元。

14. 2016 年 5 月 25 日，支付安装宽带费用 3 600 元。

15. 2016 年 5 月 25 日，经批准，出纳周磊到建设银行提取备用金 5 000 元。

16. 2016 年 5 月 26 日，从京东电子有限公司购买复印机 2 台，单价 24 800 元，总金额 49 600 元。复印机到货，经领导批准，支付货款。

17. 2016 年 5 月 28 日，公司办公室李季采购复印纸 480 元。

18. 2016 年 5 月 30 日，公司办公室刘文胜招待北京中钢业务人员，经领导批准，报销业务招待费 1 460 元。

19. 2016 年 5 月 31 日，计提 5 月份公司人员工资 26 216.42 元，代扣个人社会保险 1 552.86 元，代扣个人所得税 821.42 元。

20. 2016 年 5 月 31 日，摊销办公楼租金 90 090.09 元，摊销厂房租金 270 270.27 元。

21. 2016 年 5 月 31 日，月末结转管理费用。

（二）2016 年 6 月份发生的经济业务

1. 2016 年 6 月 1 日，从青岛宏泰机床有限公司购买数控切割机床 1 台，单价 350 000 元。设备到货，验收合格，办理入库，经领导批准，支付货款 350 000 元。

2. 2016 年 6 月 1 日，从青岛宏泰机床有限公司购买数控龙门铣床 2 台，单价 1 500 000 元，总金额 3 000 000 元。设备到货，需要安装，经领导批准，支付设备款 3 000 000 元。

3. 2016 年 6 月 3 日，从大连机床有限公司购买 50# 车床 5 台，单价 200 000 元，总金额 1 000 000 元。设备到货，验收合格，办理入库，经领导批准，支付货款 1 000 000 元。

4. 2016 年 6 月 6 日，购买电焊机 10 台，单价 26 000 元，总金额 260 000 元。设备到货，验收合格，办理入库，经领导批准，支付货款 260 000 元。

5. 2016 年 6 月 6 日，张小军报销出差费用 2 150 元。

6. 2016 年 6 月 6 日，公司办公室刘文胜招待北京中钢业务人员，经领导批准，报销业务招待费 1 800 元。

7. 2016 年 6 月 8 日，经领导批准，出纳周磊报销市内交通费 228 元。

8. 2016 年 6 月 8 日，购买奔驰 E260L 轿车一辆，金额 560 000 元（含增值税）。购车缴纳车辆购置税 47 863 元，缴纳上牌费用 500 元、车船税 420 元、交强险费用 950 元，缴纳商业保险费用 12 685 元。

9. 2016 年 6 月 8 日，参加北京中钢设备股份有限公司招标，支付购买招标文件费用 1 200 元。

10. 2016 年 6 月 8 日，经领导批准，支付北京中钢设备股份有限公司投标保证金 500 000 元。

11. 2016 年 6 月 8 日，采购电机车用钢材 500 吨，单价 3 500 元，总金额 1 750 000 元。

12. 2016 年 6 月 8 日，采购电机车减速机 10 台，单价 65 000 元，总金额 650 000 元。

13. 2016 年 6 月 9 日，经领导批准，支付于 2016 年 5 月 16 日从深圳长城家具有限公司购买办公家具剩余款项，金额 27 657 元。

14. 2016 年 6 月 10 日，采购安装数控龙门铣床用标准件，金额 50 000 元。

15. 2016 年 6 月 10 日，经领导批准，发放 5 月份工资 23 842. 14 元。

16. 2016 年 6 月 10 日，缴纳代扣个人所得税 821. 42 元。

17. 2016 年 6 月 10 日，缴纳职工基本社会保险费 1 552. 86 元。

18. 2016 年 6 月 10 日，缴纳实收资本印花税 25 000 元。

19. 2016 年 6 月 10 日，公司办公室刘文胜招待北京中钢业务人员，经领导批准，报销业务招待费 1 600 元。

20. 2016 年 6 月 10 日，经营部张光明到上海出差，申请差旅费备用金 5 000 元，经领导批准，同意支付。

21. 2016 年 6 月 15 日，从长春市大川电机股份有限公司采购电机 20 台，单价 15 500 元，总金额 310 000 元。电机到货，验收合格，办理入库。

22. 2016 年 6 月 16 日，从北京市华连机械厂采购电机车悬挂装置 20 套，单价 1 900 元，总金额 38 000 元。悬挂装置到货，验收合格，办理入库，经领导批准，支付货款 38 000 元。

23. 2016 年 6 月 16 日，从昆明东方起重设备有限公司采购脚踏式液压制动器 10 套，单价 38 610 元，总金额 386 100 元。制动器到货，验收合格，办理入库。

24. 2016 年 6 月 16 日，从众业达（北京）电器有限公司采购触摸屏 5 套，单价 29 900 元，总金额 149 500 元。触摸屏到货，验收合格，办理入库，经领导批准，支付货款 149 500 元。

25. 2016 年 6 月 16 日，从北京明宇自动化工程有限公司采购主令控制器 10 个，单价 850

元，总金额 8 500 元。主令控制器到货，验收合格，办理入库，经领导批准，支付货款 8 500 元。

26. 2016 年 6 月 17 日，从北京三立电器有限公司采购电控柜 30 台，单价 1 900 元，总金额 57 000 元。电控柜到货，验收合格，办理入库，经领导批准，支付货款 57 000 元。

27. 2016 年 6 月 17 日，从北京新东方电子科技有限公司采购 UPS 电源 10 台，单价 2 900 元，总金额 29 000 元。UPS 电源到货，验收合格，办理入库，经领导批准，支付货款。

28. 2016 年 6 月 17 日，从双峰压力容器（青岛）有限公司采购储气罐 10 台，单价 3 800 元，总金额 38 000 元。收到增值税专用发票，储气罐未到货。

29. 2016 年 6 月 18 日，从北京五环机电设备有限公司采购电磁铁 40 个，单价 550 元，总金额 22 000 元。电磁铁到货，验收合格，办理入库，经领导批准，支付货款 22 000 元。

30. 2016 年 6 月 20 日，公司投标北京中钢设备股份有限公司招标的电机车 5 台中标，单价 260 万元，合同金额 1 300 万元。收到北京中钢设备股份有限公司支付的 30%预付款 390 万元。

31. 2016 年 6 月 20 日，经领导批准，支付北京新顺钢材有限公司钢材款 1 750 000 元。

32. 2016 年 6 月 20 日，从众业达（北京）有限公司采购低压元器件 5 套，单价 15 200 元，总金额 76 000 元。验收合格，办理入库。

33. 2016 年 6 月 22 日，从沈阳航空设备制造有限公司采购液压缓冲器 10 件，单价 1 240 元，总金额 12 400 元。验收合格，办理入库。

34. 2016 年 6 月 22 日，从大连瓦房店轴承有限公司采购轴承 20 套，单价 900 元，总金额 18 000 元。轴承到货，验收合格，办理入库，经领导批准，支付货款 18 000 元。

35. 2016 年 6 月 22 日，从北京海权经贸有限公司购买螺杆式空压机 10 台，单价 34 500 元，总金额 345 000 元。螺杆式空压机到货，验收合格，办理入库。

36. 2016 年 6 月 25 日，参加北京中才节能焦化有限公司招标，支付购买标书费用 1 500 元，经领导批准，采用银行电汇方式。

37. 2016 年 6 月 26 日，公司办公室刘文胜报销市内交通费 360 元。

38. 2016 年 6 月 28 日，经领导批准，支付对西门子（北京）有限公司的欠款 560 000 元。

39. 2016 年 6 月 30 日，从辽宁省机械制造有限公司采购轴箱体 20 套，单价 2 000 元，总金额 40 000 元。收到辽宁省机械制造有限公司邮寄的增值税专用发票，货物未到。

40. 2016 年 6 月 30 日，从江苏金亿工业弹簧厂采购减震弹簧 20 套，单价 350 元，总金额 7 000 元。减震弹簧到货，验收合格，办理入库，增值税专用发票未收到。

41. 2016 年 6 月 30 日，本月工厂用电量 60 108.94 千瓦时，金额 35 867 元。经领导批准，支付电费 35 867 元。

42. 2016 年 6 月 30 日，从深圳长城家具有限公司购买的家具到货。

43. 2016 年 6 月 30 日，安装数控龙门铣床，发生劳务费 20 000 元。

44. 2016 年 6 月 30 日，数控龙门铣床安装完毕，达到预定可使用状态。

45. 2016 年 6 月 30 日，生产电机车领用材料，钢材 465 吨，金额 1 391 025.64 元。

46. 2016 年 6 月 30 日，生产电机车领用材料，减速机 10 台，金额 555 555.56 元。

47. 2016 年 6 月 30 日，从西门子（北京）有限公司采购电机车用 PLC 变频器 10 台，单价 56 000 元，总金额 560 000 元。PLC 变频器到货，验收合格，办理入库。

48. 2016 年 6 月 30 日，从施耐德（北京）有限公司采购 ATV 变频器 10 台，单价 48 000 元，总金额 480 000 元。ATV 变频器到货，验收合格，办理入库。经领导批准，以银行电汇支付货款 480 000 元。

49. 2016 年 6 月 30 日，从广州冰凌制冷设备有限公司采购工业空调 5 套，单价 27 000 元，总金额 135 000 元。空调到货，验收合格，办理入库。

50. 2016 年 6 月 30 日，生产电机车领用原材料，电机 20 台，金额 264 957.26 元。

51. 2016年6月30日，生产电机车领用原材料，悬挂装置20套，金额32 478.63元。

52. 2016年6月30日，生产电机车领用原材料，脚踏式液压制动器10套，金额330 000元。

53. 2016年6月30日，生产电机车领用原材料，触摸屏5套，金额127 777.78元。

54. 2016年6月30日，生产电机车领用原材料，主令控制器10个，金额7 264.96元。

55. 2016年6月30日，生产电机车领用原材料，电控柜30台，金额48 717.94元。

56. 2016年6月30日，生产电机车领用原材料，UPS电源10台，金额24 786.32元。

57. 2016年6月30日，生产电机车领用原材料，储气罐10台，金额32 478.63元。

58. 2016年6月30日，生产电机车领用原材料，电磁铁40个，金额18 803.42元。

59. 2016年6月30日，生产电机车领用原材料，低压元器件5套，金额64 957.26元。

60. 2016年6月30日，生产电机车领用原材料，液压缓冲器10件，金额10 598.29元。

61. 2016年6月30日，生产电机车领用原材料，轴承20套，金额15 384.62元。

62. 2016年6月30日，生产电机车领用原材料，PLC变频器10台，金额478 632.48元。

63. 2016年6月30日，生产电机车领用原材料，ATV变频器10台，金额410 256.41元。

64. 2016年6月30日，生产电机车领用原材料，工业空调5套，金额115 384.62元。

65. 2016年6月30日，计提6月份工资。

66. 2016年6月30日，计提固定资产折旧费4 727.44元。

67. 2016年6月30日，摊销租金360 360.36元。

68. 2016年6月30日，分配制造费用322 283.38元。

69. 2016年6月30日，结转销售费用31 792.23元。

70. 2016年6月30日，结转管理费用171 868.22元。

二、账务处理

(一) 2016 年 5 月份的账务处理

业务 1：股东投资

2016 年 5 月 3 日，收到股东王珊珊根据公司章程约定于公司成立之 30 日内投入的投资款 20 000 000 元，通过银行转账转入公司基本账户——建设银行中山支行。

中国建设银行网上银行电子回单

货币	人民币	日期：	2016-5-3	凭证号		交易流水号	
付款人	全称	王珊珊		收款人	全称	北京明基设备制造有限公司	
	账号	2563145289632548563			账号	21201501200053025041	
	开户行	中国工商银行中关村支行			开户行	中国建设银行北京中山支行	
大写金额	贰仟万元整			小写金额	20,000,000.00		
用途	王珊珊出资款						
钞汇标志	钞户						
重要提示：电子回单可重复打印，如您已通过银行柜台取得相应纸质回单，请注意核对，勿重复记账。							
第一次补打							

记账凭证

本币：人民币 单位：元

2016 年 5 月 3 日

核算单位：[001]北京明基设备制造有限公司 第0001号 - 0001/0001

摘 要	会 计 科 目	借方金额	贷方金额
收到王珊珊投资款	银行存款/建设银行	20,000,000.00	
收到王珊珊投资款	实收资本/王珊珊		20,000,000.00
附单据数 1 张	合计 贰仟万元整	20,000,000.00	20,000,000.00

财务主管： 记账： 复核：周磊 出纳： 制单：demo 经办人：

业务 2：股东投资

2016 年 5 月 5 日，收到股东杨林、吴华根据公司章程约定于公司成立之日起 30 日内分别投入的投资款 10 000 000 元，两个股东均通过银行转账转入公司基本账户——建设银行中山支行。

中国建设银行网上银行电子回单

货币	人民币	日期：	2016-5-5	凭证号		交易流水号	
付款人	全称	杨林		收款人	全称	北京明基设备制造有限公司	
	账号	6325965421578963258			账号	21201501200053025041	
	开户行	北京兴业银行西单支行			开户行	中国建设银行北京中山支行	
大写金额	壹仟万元整			小写金额	10,000,000.00		
用途	杨林出资款						
钞汇标志	钞户						
重要提示：电子回单可重复打印，如您已通过银行柜台取得相应纸质回单，请注意核对，勿重复记账。							
第一次补打							

中国建设银行 电子回单专用章

中国建设银行网上银行电子回单

货币	人民币	日期：	2016-5-5	凭证号		交易流水号	
付款人	全称	吴华		收款人	全称	北京明基设备制造有限公司	
	账号	4325965421575689423			账号	21201501200053025041	
	开户行	中国农业银行西单支行			开户行	中国建设银行北京中山支行	
大写金额	壹仟万元整			小写金额	10,000,000.00		
用途	吴华出资款						
钞汇标志	钞户						
重要提示：电子回单可重复打印，如您已通过银行柜台取得相应纸质回单，请注意核对，勿重复记账。							
第一次补打							

中国建设银行 电子回单专用章

记账凭证

本币：人民币 单位：元

2016年 5 月 5 日

核算单位：[001]北京明基设备制造有限公司 第0002号 － 0001/0001

摘 要	会 计 科 目	借方金额	贷方金额
收到杨林、吴华投资款	银行存款/建设银行	20,000,000.00	
收到杨林、吴华投资款	实收资本/杨林		10,000,000.00
收到杨林、吴华投资款	实收资本/吴华		10,000,000.00
附单据数 1 张	合计 贰仟万元整	20,000,000.00	20,000,000.00

财务主管： 记账： 复核：周磊 出纳： 制单：demo 经办人：

中国建设银行 China Construction Bank

电 汇 凭 证

No 96547852

币别： 2016年 5月3日 流水号：

汇款方式		✔普通 □加急			
汇款人	全 称	王珊珊	收款人	全 称	北京明基设备制造有限公司
	账 号	256314528963254856 3		账 号	21201501200053025041
	汇出行名称	中国工商银行中关村支行		汇入行名称	中国建设银行北京中山支行
金额	（大写）贰仟万元整			亿千百十万千百十元角分	￥2000000000
				支付密码	
				附加信息及用途：王珊珊出资款	
				客户签章	

第二联 客户回单

（印章：中国建设银行北京中山支行 2016.5.3 转帐 转讫）

会计主管 授权 复核 录入

业务 3：股东投资

2016 年 5 月 10 日，收到股东刁城、曹雪娜根据公司章程约定于公司成立之 30 日内分别投入的投资款 5 000 000 元，两个股东均通过银行转账转入公司基本账户——建设银行中山支行。

中国建设银行网上银行电子回单							
货币	人民币	日期：	2016-5-10	凭证号		交易流水号	
付款人	全称	刁城		收款人	全称	北京明基设备制造有限公司	
	账号	632145896325485213			账号	21201501200053025041	
	开户行	中国工商银行西北京支行			开户行	中国建设银行北京中山支行	
大写金额	伍佰万元整			小写金额	5,000,000.00		
用途	刁城出资款				中国建设银行 电子回单专用章		
钞汇标志	钞户						
重要提示：电子回单可重复打印，如您已通过银行柜台取得相应纸质回单，请注意核对，勿重复记账。							
第一次补打							

中国建设银行网上银行电子回单							
货币	人民币	日期：	2016-5-10	凭证号		交易流水号	
付款人	全称	曹雪娜		收款人	全称	北京明基设备制造有限公司	
	账号	5896321485632145896			账号	21201501200053025041	
	开户行	中国商业银行北京支行			开户行	中国建设银行北京中山支行	
大写金额	伍佰万元整			小写金额	5,000,000.00		
用途	曹雪娜出资款				中国建设银行 电子回单专用章		
钞汇标志	钞户						
重要提示：电子回单可重复打印，如您已通过银行柜台取得相应纸质回单，请注意核对，勿重复记账。							
第一次补打							

记账凭证

本币：人民币 单位：元

2016年 5 月 10日

核算单位：[001]北京明基设备制造有限公司 第0003号 - 0001/0001

摘 要	会 计 科 目	借方金额	贷方金额
收到习城、曹雪娜投资款	银行存款/建设银行	10,000,000.00	
收到习城、曹雪娜投资款	实收资本/习城		5,000,000.00
收到习城、曹雪娜投资款	实收资本/曹雪娜		5,000,000.00
附单据数 1 张	合计 壹仟万元整	10,000,000.00	10,000,000.00

财务主管： 记账： 复核：周磊 出纳： 制单：demo 经办人：

业务 4：提取备用金

2016 年 5 月 11 日，经批准，出纳周磊前往建设银行提取备用金 5 000 元用于日常业务支付。

中国建设银行
现金支票存根
25631457
10632483
附加信息
出票日期 2016年5月11日
收款人：
金额：5,000.00
用途：备用金
单位主管　　会计

付款期限自出票之日十天

中国建设银行 China Construction Bank　现金支票　25631457 10632483

出票日期（大写）　贰零壹陆 年 零伍 月 壹拾壹 日　付款行名称：中国建设银行北京中山支行

收款人：北京明基设备制造有限公司　出票人账号：21201501200053025041

人民币（大写）	伍仟元整	亿	千	百	十	万	千	百	十	元	角	分
						¥	5	0	0	0	0	0

用途：备用金　密码：

行号：

上列款项请从
我账户内支付
出票人盖章　北京明基设备制造有限公司 财务专用章　珊王印珊　复核：　记账：

记账凭证

本币：人民币　单位：元

2016 年　5　月 11 日

核算单位：[001]北京明基设备制造有限公司　　第0004号 － 0001/0001

摘　要	会　计　科　目	借方金额	贷方金额
提备用金	库存现金	5,000.00	
提备用金	银行存款/建设银行		5,000.00
附单据数　1　张	合计　伍仟元整	5,000.00	5,000.00

财务主管：　记账：　复核：周磊　出纳：　制单：demo　经办人：

业务 5：租赁房屋

2016 年 5 月 16 日，与北京腾飞物业管理公司签订房屋租赁合同，经领导批准，支付公司一年的办公楼租金 1 200 000 元。

1100104140　　北京增值税专用发票　　NO 56321458

1100104140
56321458

开票日期：2016年5月16日

购买方	名　　称：北京明基设备制造有限公司 纳税人识别号：65896325LKJHGYUI56 地 址、电 话：北京市海淀区联想桥青云当代大厦4-1 36548963 开户行及账号：中国建设银行北京中山支行21201501200053025041	密码区	6877789*&^*(&%45*&^)(*&*(%(6^^#%#@#$@342vkh%43223216+5456132415?><$#@$#+128$+151#@$@$+177@+1103+1129#@Q$@#R#564816#r3w4165151@#553#$%#5+128&^#$&^3515618651*^%651651&$

货物或应税劳务、服务名称	规格型号	单位	数量	单价	金额	税率	税额
租赁费		平方米	1000.00	1,081.08	1,081,081.08	11%	118,918.92
合　　计					¥1,081,081.08		¥118,918.92
价税合计（大写）	壹佰贰拾万元整						¥ 1,200,000.00

销售方	名　　称：北京腾飞物业管理公司 纳税人识别号：110256325589652 地 址、电 话：北京市海淀区当代大厦 5632145 开户行及账号：中国工商银行北京青云支行 632548963	备注	

第三联：发票联 购买方记账凭证

收款人：王明　　复核：管理　　开票人：王明　　销售方：（章）

中国建设银行网上银行电子回单

货币	人民币	日期：	2016-5-16	凭证号		交易流水号	
付款人	全称	北京明基设备制造有限公司		收款人	全称	北京腾飞物业管理公司	
	账号	21201501200053025041			账号	632548963	
	开户行	中国建设银行北京中山支行			开户行	中国工商银行北京青云支行	
大写金额	壹佰贰拾万元整			小写金额	1,200,000.00		
用途	租赁费						
钞汇标志	钞户						
重要提示：电子回单可重复打印，如您已通过银行柜台取得相应纸质回单，请注意核对，勿重复记账。							
第一次补打							

中国建设银行 电子回单专用章

记账凭证

本币：人民币　单位：元

2016年　5　月　16日

核算单位：[001]北京明基设备制造有限公司　　第0005号 - 0001/0001

摘　要	会　计　科　目	借方金额	贷方金额
付公司办公楼租金	长期待摊费用/租赁费	1,081,081.08	
付公司办公楼租金	应交税费/应交增值税/进项税额	118,918.92	
付公司办公楼租金	银行存款/建设银行		1,200,000.00
附单据数　2　张	合计　壹佰贰拾万元整	1,200,000.00	1,200,000.00

财务主管：　记账：　复核：周磊　出纳：　制单：demo　经办人：

业务 6：报销工商登记手续费

2016 年 5 月 6 日，周敬飞报销办理工商登记等手续费 500 元，用现金支付。

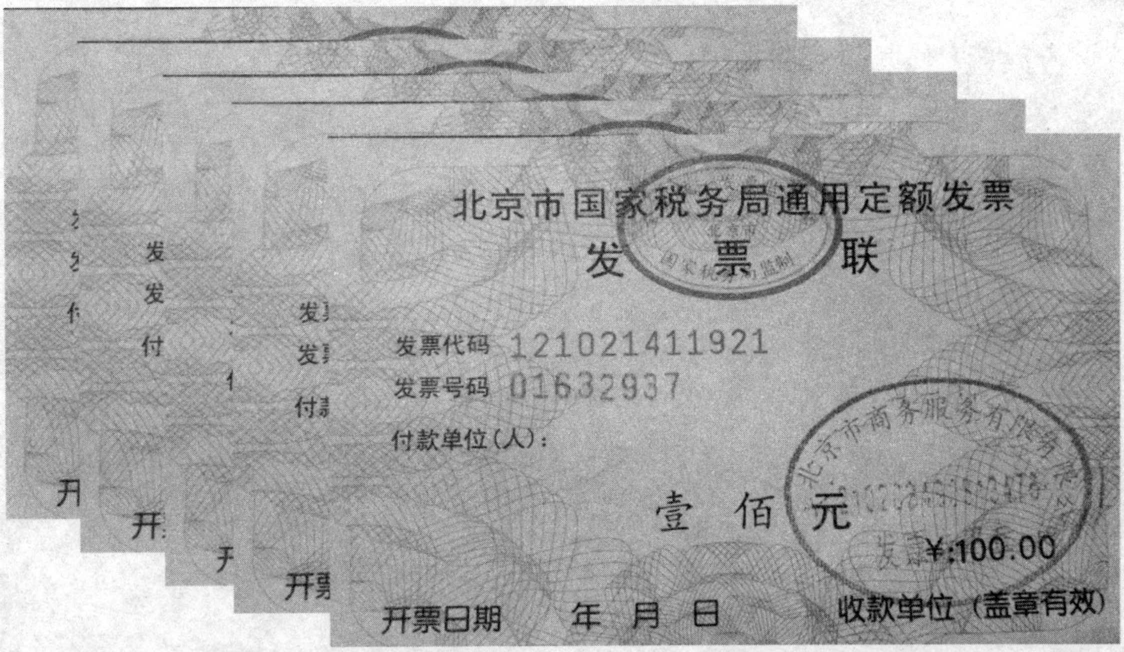
北京市国家税务局通用定额发票

发　票　联

发票代码 121021411921

发票号码 01632937

付款单位(人)：

壹　佰　元

¥:100.00

开票日期　　年　月　日　　收款单位（盖章有效）

记账凭证

本币：人民币　单位：元

2016 年　5　月 16 日

核算单位：[001]北京明基设备制造有限公司　　第0006号 － 0001/0001

摘　　要	会　计　科　目	借方金额	贷方金额
周敬飞报销办理工商登记等费用	管理费用/办公费	500.00	
周敬飞报销办理工商登记等费用	库存现金		500.00
附单据数　10　张	合计　伍佰元整	500.00	500.00

财务主管：　　记账：　　复核：周磊　　出纳：　　制单：demo　　经办人：

业务 7：购置办公桌椅

2016 年 5 月 10 日，与深圳长城家具有限公司签订购买办公桌椅合同，合同金额 39 510 元。经领导批准后，于当月 16 日付 30％预付款。

中国建设银行 China Construction Bank

电汇凭证

No 58963254

币别：　　2016年 5月16日　　流水号：

汇款方式	✓普通　□加急				
汇款人	全　称	北京明基设备制造有限公司	收款人	全　称	深圳长城家具有限公司
	账　号	21201501200053025041		账　号	0502100032425
	汇出行名称	中国建设银行北京中山支行		汇入行名称	平安银行深圳梅龙支行
金额	（大写）壹万壹仟捌佰伍拾叁元整			亿 千 百 十 万 千 百 十 元 角 分	¥ 1 1 8 5 3 0 0
				支付密码	
				附加信息及用途：家具出资款	
				客户签章	

第二联 客户回单

中国建设银行北京中山支行 2016.5.16 转账 转讫

会计主管　　授权　　复核　　录入

记账凭证

本币：人民币　单位：元

2016 年 5 月 16 日

核算单位：[001]北京明基设备制造有限公司　　第0007号 - 0001/0001

摘　要	会　计　科　目	借方金额	贷方金额
付家具预付款 2016.05.16	预付账款　深圳长城家具有限公司	11,853.00	
付家具预付款	银行存款/建设银行		11,853.00
附单据数　2　张	合计　壹万壹仟捌佰伍拾叁元整	11,853.00	11,853.00

财务主管：　记账：　复核：周磊　出纳：　制单：demo　经办人：

业务 8：报销办公用品采购费

2016 年 5 月 20 日，周敬飞报销购买办公用品费用 300 元，用现金支付。

1100004140　北京增值税专用发票　NO 56321452

1100104140
56321452

开票日期：2016年5月20日

购买方
名　　称：北京明基设备制造有限公司
纳税人识别号：65896325LKJHGYUI56
地 址、电 话：北京市海淀区联想桥青云当代大厦4-1 36548963
开户行及账号：中国建设银行北京中山支行21201501200053025041

密码区
6877789*&^*(&%45*&^)(*&*(%(6^^#%#@#$@342vkh%43223216+5456132415?><$#@$#+128$+151#@$@$+177@+1103+1129#@Q$@#R#564816#r3w4165151@#553#$%#5+128&^#$&^3515618651*^%651651&$

货物或应税劳务、服务名称	规格型号	单位	数量	单价	金额	税率	税额
办公用品		批	1.00	256.41	256.41	17%	43.59
合　计					¥ 256.41		¥43.59
价税合计（大写）	叁佰元整						¥ 300.00

销售方
名　　称：北京得力办公用品有限公司
纳税人识别号：125635489632548
地 址、电 话：北京市海淀区得力楼　5636645
开户行及账号：中国农业银行北京得力支行 63254633

备注

收款人：李强　　复核：王生　　开票人：李强　　销售方：（章）

第三联：发票联　购买方记账凭证

记账凭证

本币：人民币　单位：元

2016 年　5 月 20 日

核算单位：[001]北京明基设备制造有限公司　　第0008号 - 0001/0001

摘　要	会 计 科 目	借方金额	贷方金额
周敬飞报销办公费用	管理费用/办公费	256.41	
周敬飞报销办公费用	应交税费/应交增值税/进项税额	43.59	
周敬飞报销办公费用	库存现金		300.00
附单据数　1　张	合计　叁佰元整	300.00	300.00

财务主管：　记账：　复核：周磊　出纳：　制单：demo　经办人：

业务9：申请出差备用金

2016年5月20日，综合管理部张小军准备前往广东采购办公家具，申请出差备用金2 000元。

北京明基设备制造有限公司

备用金申请单

申请部门：管理部　　　　申请日期：2016年5月20日

	姓名	职位	申请金额	申请用途
申请人员明细	张小军	职员	2000	差旅费

申请金额合计：¥ 2,000.00（小写金额）　贰仟元整（人民币大写）

(大写示例：壹、贰、叁、肆、伍、陆、柒、捌、玖、拾、佰、仟、万、元、角、分、零、整)

支付方式：

□ 现金　　领款人签字：

■ 银行转账　　收款人：

开户行：

银行账号：

申请部门/负责人（签署部门意见）：同意

部门主管/经理审批：	财务部核准：	高级运营经理审批：
习城印	杨林印	王珊印
2016 年 5 月 20 日	2016 年 5 月 20 日	2016 年 5 月20 日

记账凭证

本币：人民币　单位：元

2016年 5 月 20日

核算单位：[001]北京明基设备制造有限公司　　第0009号 - 0001/0001

摘　要	会 计 科 目	借方金额	贷方金额
张小军请出差备用金	其他应收款/张小军	2,000.00	
张小军请出差备用金	库存现金		2,000.00
附单据数　1　张	合计　贰仟元整	2,000.00	2,000.00

财务主管:　　记账:　　复核: 周磊　　出纳:　　制单: demo　　经办人:

业务 10：报销业务招待费

2016 年 5 月 23 日，公司办公室王龙招待北京中钢公司业务人员，报销业务招待费 1 600 元。

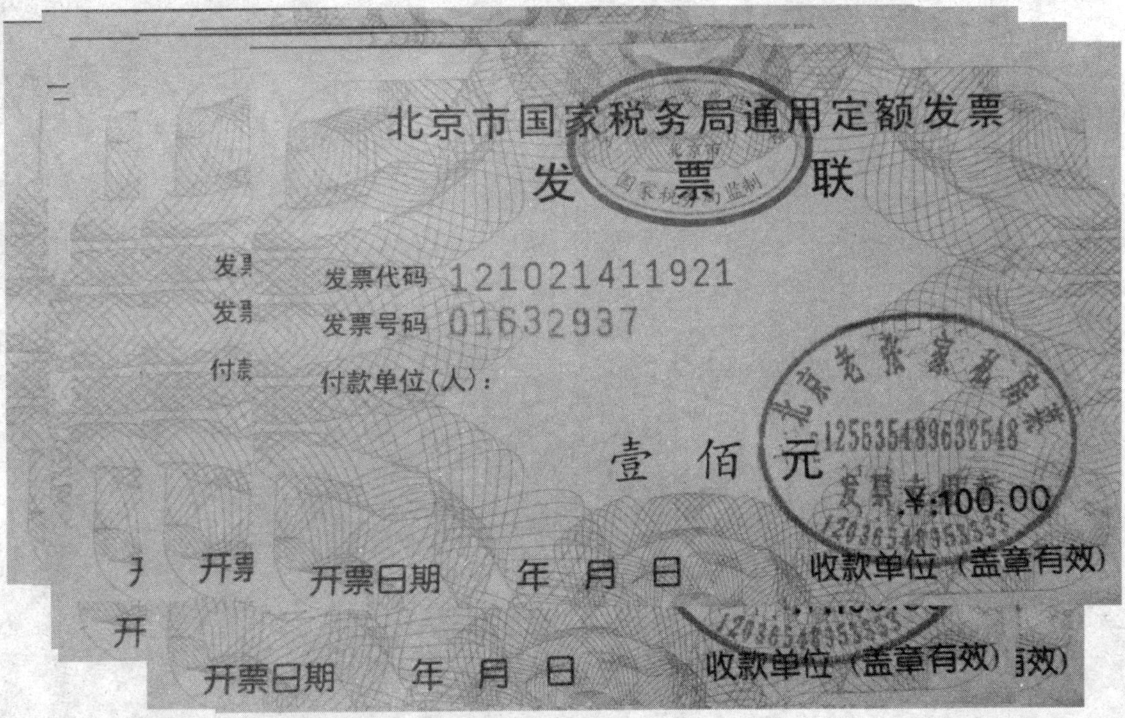

北京市国家税务局通用定额发票

发　票　联

发票代码 121021411921

发票号码 01632937

付款单位(人)：

壹　佰　元

¥:100.00

开票日期　　年　月　日　　收款单位（盖章有效）

中国建设银行网上银行电子回单						
货币	人民币	日期：	2016-5-23	凭证号		交易流水号
付款人	全称	北京明基设备制造有限公司		收款人	全称	王龙
	账号	21201501200053025041			账号	658963254125896325
	开户行	中国建设银行北京中山支行			开户行	中国工商银行北京支行
大写金额	壹仟陆佰元整			小写金额	1,600.00	
用途	业务招待费					
钞汇标志	钞户					
重要提示：电子回单可重复打印，如您已通过银行柜台取得相应纸质回单，请注意核对，勿重复记账。						
第一次补打						

记账凭证

本币：人民币　单位：元

2016 年　5　月 23 日

核算单位：[001]北京明基设备制造有限公司　　　　第0010号 - 0001/0001

摘　要	会　计　科　目	借方金额	贷方金额
王龙报销招待费	管理费用/业务招待费	1,600.00	
王龙报销招待费	银行存款/建设银行		1,600.00
附单据数　2　张	合计　壹仟陆佰元整	1,600.00	1,600.00

财务主管：　记账：　复核：周磊　出纳：　制单：demo　经办人：

业务 11：租赁厂房

2016 年 5 月 23 日，与北京黎明钢结构有限公司签订厂房租赁合同，租赁其厂房 10 年，每年支付一次房屋租金。经领导批准，支付一年的厂房租金 3 600 000 元。

1100104140　　北京增值税专用发票　　NO 69854125　　1100104140 69854125

发票联

开票日期：2016年5月23日

购买方	名　　称：北京明基设备制造有限公司 纳税人识别号：65896325LKJHGYUI56 地 址、电 话：北京市海淀区联想桥青云当代大厦4-1 36548963 开户行及账号：中国建设银行北京中山支行21201501200053025041	密码区	6877789*&^*(&%45*&^)(*&*(%(6^^#%#@#$@342vkh%43223216+5456132415?><$#@$#+128$+151#@$@$+177@+1103+1129#@Q$@#R#564816#r3w4165151@#553#$%#5+128&^#$&^3515618651*^%651651&$

货物或应税劳务、服务名称	规格型号	单位	数量	单价	金额	税率	税额
租金		平米	15000.00	216.22	3,243,243.24	11%	356,756.76
合　　计					¥3,243,243.24		¥356,756.76
价税合计（大写）	叁佰陆拾万元整						¥ 3,600,000.00

销售方	名　　称：北京黎明钢结构有限公司 纳税人识别号：632145896523214520 地 址、电 话：北京市昌平区光天大厦　563245 开户行及账号：中国民生银行昌平支行 65214896	备注	北京黎明钢结构有限公司 632145896523214452 发票专用章 1203654896253

收款人：张强　　复核：李大明　　开票人：张强　　销售方：（章）

第三联：发票联　购买方记账凭证

中国建设银行 China Construction Bank

电汇凭证　　No 69854125

币别：　　2016年 5月23日　　流水号：

汇款方式	☑普通　　☐加急			
汇款人 全称	北京明基设备制造有限公司	收款人	全称	北京黎明钢结构有限公司
账号	21201501200053025041		账号	65214896
汇出行名称	中国建设银行北京中山支行		汇入行名称	中国民生银行昌平支行
金额	（大写）叁佰陆拾万元整		亿千百十万千百十元角分	¥360000000
			支付密码	
			附加信息及用途：厂房租金	
				客户签章

中国建设银行北京中山支行 2016.5.23 转帐 转讫

会计主管　　授权　　复核　　录入

第二联　客户回单

记账凭证

本币：人民币　单位：元

2016年　5　月 23 日

核算单位：[001]北京明基设备制造有限公司　　　　第0011号 － 0001/0001

摘　要	会　计　科　目	借方金额	贷方金额
预付厂房租金	长期待摊费用/租赁费	3,243,243.24	
预付厂房租金	应交税费/应交增值税/进项税额	356,756.76	
预付厂房租金	银行存款/建设银行		3,600,000.00
附单据数　1　张	合计　叁佰陆拾万元整	3,600,000.00	3,600,000.00

财务主管：　　记账：　　复核：　　出纳：　　制单：demo　　经办人：

业务 12：申请差旅费备用金

2016 年 5 月 23 日，经营部张光明去上海出差，申请差旅费备用金 2 000 元。

北京明基设备制造有限公司

备用金申请单

申请部门：经营部			申请日期：2016年5月20日	
申请人员明细	姓名	职位	申请金额	申请用途
	张光明	职员	2000	差旅费
申请金额合计：¥ 2,000.00（小写金额） 贰仟元整 （人民币大写）				
（大写示例：壹、贰、叁、肆、伍、陆、柒、捌、玖、拾、佰、仟、万、元、角、分、零、整）				
支付方式： □ 现金 领款人签字： ■ 银行转账 收款人： 开户行： 银行账号：				
申请部门/负责人（签署部门意见）：同意				
部门主管/经理审批： 印习城 2016 年 5 月 23 日		财务部核准： 印杨林 2016 年 5 月 23 日		高级运营经理审批： 珊王印珊 2016 年 5 月23 日

记账凭证

本币：人民币　单位：元

2016 年 5 月 23 日

核算单位：[001]北京明基设备制造有限公司　　第0012号 － 0001/0001

摘　要	会 计 科 目	借方金额	贷方金额
张光明出差请备用金	其他应收款/张光明	2,000.00	
张光明出差请备用金	库存现金		2,000.00
附单据数　1　张	合计 贰仟元整	2,000.00	2,000.00

财务主管：　记账：　复核：周磊　出纳：　制单：demo　经办人：

业务 13：购买办公电脑

2016 年 5 月 25 日，从京东电子有限公司购买电脑 40 台，单价 4 000 元，经领导批准，支付设备款 160 000 元。

1100104140　　北京增值税专用发票　　NO 65489632　　1100104140 65489632

发票联

开票日期：2016年5月25日

购买方
名　　称：北京明基设备制造有限公司
纳税人识别号：65896325LKJHGYUI56
地 址、电 话：北京市海淀区联想桥青云当代大厦4-1 36548963
开户行及账号：中国建设银行北京中山支行21201501200053025041

密码区
6877789*&^*(&%45*&^)(*&*(%(6^^#%#@#$@342vkh%43223216+5456132415?><$#@$#+128$+151#@$@$+177@+1103+1129#@Q$@#R#564816#r3w4165151@#553#$%#5+128&^#$&^3515618651*^%651651&$

货物或应税劳务、服务名称	规格型号	单位	数量	单价	金额	税率	税额
电脑		台	40.00	3,418.80	136,752.14	17%	23,247.86
合　计					¥ 136,752.14		¥23,247.86
价税合计（大写）	壹拾陆万元整						¥ 160,000.00

销售方
名　　称：北京京东电子有限公司
纳税人识别号：56321458963489
地 址、电 话：北京市通州区海天大厦　563245
开户行及账号：中国兴业银行海天支行 3658963254

备注

北京京东电子有限公司 56321458963489 发票专用章

收款人：乔杉　　复核：张才明　　开票人：乔杉　　销售方：（章）

第三联：发票联 购买方记账凭证

中国建设银行 China Construction Bank

电 汇 凭 证　　No 69854125

币别：　　2016年 5月25日　　流水号：

汇款方式	☑普通　☐加急		
汇款人 全称	北京明基设备制造有限公司	收款人 全称	北京京东电子有限公司
账号	21201501200053025041	账号	3658963254
汇出行名称	中国建设银行北京中山支行	汇入行名称	中国兴业银行海天支行
金额	（大写）壹拾陆万元整	（小写）	¥16000000

亿 千 百 十 万 千 百 十 元 角 分：¥ 1 6 0 0 0 0 0 0

支付密码

附加信息及用途：办公电脑

中国建设银行北京中山支行 2016.5.25 转帐 转讫

客户签章

会计主管　　授权　　复核　　录入

第二联 客户回单

固定资产卡片

卡片编号　0040　　　　日期　2016- 5- 25

固定资产编号	0040	固定资产名称	电脑		
类别编号	01	类别名称	电子设备		
规格型号	0305	部门名称	技术部		
增加方式	直接购入	存放地点	办公室		
使用状况	在用	使用年限	3年	折旧方法	直线
总作总量		累计工作量		工作量单位	
启用日期	2016.5.25	已提月份		币种	
原值	3,418.80	净残值率	5%	净残值	170.94
累计折旧		月折旧率		月折旧额	90.22
净值		对应折旧科目	管理费用	项目	

录入人　张生　　　　录入日期　2016.5.25

记账凭证

本币：人民币　单位：元

2016 年　5　月 25 日

核算单位：[001]北京明基设备制造有限公司　　　　第0013号 - 0001/0001

摘　要	会　计　科　目	借方金额	贷方金额
付40台电脑款	固定资产/电子设备	136,752.14	
付40台电脑款	应交税费/应交增值税/进项税额	23,247.86	
付40台电脑款	银行存款/建设银行		160,000.00
附单据数　1　张	合计　壹拾陆万元整	160,000.00	160,000.00

财务主管：　记账：　复核：周磊　出纳：　制单：demo　经办人：

业务 14：安装宽带

2016 年 5 月 25 日，支付安装宽带费用 3 600 元。

1100104140　北京增值税专用发票　NO 96548563　1100104140　96548563

开票日期：2016年5月25日

购买方	名　称：北京明基设备制造有限公司 纳税人识别号：65896325LKJHGYUI56 地址、电话：北京市海淀区联想桥青云当代大厦4-1 36548963 开户行及账号：中国建设银行北京中山支行21201501200053025041			密码区	6877789*&^*(&%45*&^)(*&*(%(6^^#%#@#$@342vkh%43223216+5456132415?><$#@$#+I28$+I51#@$@$+I77@+I103+I129#@Q$@#R#564816#r3w4165151@#553#$%#5+I28&^#$&^3515618651*^%651651&$		
货物或应税劳务、服务名称	规格型号	单位	数量	单价	金额	税率	税额
宽带			1.00	3,243.24	3,243.24	11%	356.76
合计					¥ 3,243.24		¥356.76
价税合计（大写）	叁仟陆佰元整				（小写）		¥ 3,600.00
销售方	名　称：北京电信服务有限公司 纳税人识别号：5698963254059 地址、电话：北京市海淀区电信大楼A座 65412599 开户行及账号：中国农业银行海淀支行 256325489633			备注			

收款人：黄明　复核：吴晗　开票人：黄明　销售方：（章）

第三联：发票联　购买方记账凭证

中国建设银行
转账支票存根
25631563
10632583

附加信息

出票日期 2016年 5月25日

收款人：北京电信服务有限公司

金额：3,600.00

用途：宽带费

单位主管　会计

中国建设银行 China Construction Bank　转账支票　25631563　10632583

出票日期（大写）贰零壹陆　年　零伍　月　贰拾伍　日　付款行名称：中国建设银行北京中山支行

收款人：北京电信服务有限公司　出票人账号：21201501200053025041

付款期限自出票之日十天

人民币（大写）	亿	千	百	十	万	千	百	十	元	角	分
叁仟陆佰元整						¥	3	6	0	0	0	0

用途：宽带费　密码：

行号：

下列款项请从

我账户内支付

出票人签章　复核：　记账：

记账凭证

本币：人民币 单位：元

2016 年 5 月 25 日

核算单位：[001]北京明基设备制造有限公司 第0014号 - 0001/0001

摘 要	会 计 科 目	借方金额	贷方金额
付宽带费	管理费用/办公费	3,243.24	
付宽带费	应交税费/应交增值税/进项税额	356.76	
付宽带费	银行存款/建设银行		3,600.00
附单据数 2 张	合计 叁仟陆佰元整	3,600.00	3,600.00

财务主管： 记账： 复核：周磊 出纳： 制单：demo 经办人：

业务 15：提取备用金

2016 年 5 月 25 日，经批准，出纳周磊到建设银行提取备用金 5 000 元。

中国建设银行
现金支票存根
25631459
10632484

附加信息

出票日期 2016年 5 月 25日

收款人：

金额：5,000.00

用途：备用金

单位主管　　会计

付款期限自出票之日十天

中国建设银行 China Construction Bank　现金支票　25631459 10632484

出票日期（大写）　贰零壹陆 年 零伍 月 贰拾伍日　付款行名称：中国建设银行北京中山支行

收款人：北京明基设备制造有限公司　出票人账号：21201501200053025041

人民币（大写）	伍仟元整	亿	千	百	十	万	千	百	十	元	角	分
						¥	5	0	0	0	0	0

用途：备用金　密码：

行号：

下列款项请从

我账户内支付

出票人签章　北京明基设备制造有限公司 财务专用章　王珊印　复核：　记账：

记账凭证

本币：人民币　单位：元

2016 年　5　月 25 日

核算单位：[001]北京明基设备制造有限公司　第0015号 － 0001/0001

摘　要	会 计 科 目	借方金额	贷方金额
提备用金	库存现金	5,000.00	
提备用金	银行存款/建设银行		5,000.00
附单据数　1　张	合计 伍仟元整	5,000.00	5,000.00

财务主管：　记账：　复核：周磊　出纳：　制单：demo　经办人：

业务 16：购买复印机

2016 年 5 月 26 日，从京东电子有限公司购买 2 台复印机，单价 24 800 元，总金额 49 600 元。复印机到货，经领导批准，支付货款。

1100104140 **北京增值税专用发票** NO 65489893

1100104140
65489893

发票联

开票日期：2016年5月26日

购买方	名　　称：北京明基设备制造有限公司 纳税人识别号：65896325LKJHGYUI56 地　址、电　话：北京市海淀区联想桥青云当代大厦4-1 36548963 开户行及账号：中国建设银行北京中山支行21201501200053025041	密码区	6877789*&^*(&%45*&^)(*&*(%(6^^#%#@#$@342vkh%43223216+5456132415?><$#@$#+128$+151#@$@$+177@+1103+1129#@Q$@#R#564816#r3w4165151@#553#$%#5+128&^#$&^3515618651*^%651651&$

货物或应税劳务、服务名称	规格型号	单位	数量	单价	金额	税率	税额
复印机		台	2.00	21,196.58	42,393.16	17%	7,206.84
合　计					¥42,393.16		¥7,206.84
价税合计（大写）	肆万玖仟陆佰元整						¥ 49,600.00

销售方	名　　称：北京京东电子有限公司 纳税人识别号：56321458963489 地　址、电　话：北京市通州区海天大厦 563245 开户行及账号：中国兴业银行海天支行 3658963254	备注	

收款人：乔杉　　复核：张才明　　开票人：乔杉　　销售方：（章）

第三联：发票联 购买方记账凭证

中国建设银行
转账支票存根
25631576
10632542

附加信息

出票日期 2016年5月26日

收款人：北京京东电子有限公司

金额：49,600.00

用途：复印机费

单位主管　　会计

中国建设银行 China Construction Bank **转账支票**　25631576 10632542

出票日期（大写）贰零壹陆 年 零伍 月 贰拾陆 日　付款行名称：中国建设银行北京中山支行

收款人：北京京东电子有限公司　出票人账号：21201501200053025041

付款期限自出票之日十天

人民币（大写）	亿	千	百	十	万	千	百	十	元	角	分
肆万玖仟陆佰元整				¥	4	9	6	0	0	0	0

用途：复印机费　　密码：

行号：

上列款项请从
我账户内支付
出票人签章　　珊王印珊　　复核：　　记账：

固定资产卡片

卡片编号　0042　　　　日期　2016- 5- 26

固定资产编号	0042	固定资产名称	复印机		
类别编号	01	类别名称	电子设备		
规格型号	4896	部门名称	办公室		
增加方式	直接购入	存放地点	办公室		
使用状况	在用	使用年限	3年	折旧方法	直线
总作总量		累计工作量		工作量单位	
启用日期	2016.5.25	已提月份		币种	
原值	21,196.58	净残值率	5%	净残值	1,059.829
累计折旧		月折旧率		月折旧额	588.80
净值		对应折旧科目	管理费用	项目	

录入人　张生　　　　录入日期　2016.5.26

记账凭证

本币：人民币　单位：元

2016 年　5　月 26 日

核算单位：[001]北京明基设备制造有限公司　　　　第0016号 － 0001/0001

摘　要	会 计 科 目	借方金额	贷方金额
购复印机2台	固定资产/电子设备	42,393.16	
购复印机2台	应交税费/应交增值税/进项税额	7,206.84	
购复印机2台	银行存款/建设银行		49,600.00
附单据数　　张	合计　肆万玖仟陆佰元整	49,600.00	49,600.00

财务主管：　记账：　复核：周磊　出纳：　制单：demo　经办人：

业务 17：购买复印纸

2016 年 5 月 28 日，公司办公室李季采购复印纸 480 元。

1100104140 北京增值税专用发票 NO 56321523

1100104140
56321523

开票日期：2016年5月28日

购买方	名　　称：北京明基设备制造有限公司 纳税人识别号：65896325LKJHGYUI56 地 址、电 话：北京市海淀区联想桥青云当代大厦4-1 36548963 开户行及账号：中国建设银行北京中山支行21201501200053025041			密码区	6877789*&^*(&%45*&^)(*&*(%(6^^#%#@#$@342vkh%43223216+5456132415?><$#@$#+128$+151#@$@$+177@+1103+1129#@Q$@#R#564816#r3w4165151@#553#$%#5+128&^#$&^3515618651*^%651651&$			
货物或应税劳务、服务名称	规格型号	单位	数量	单价	金额	税率	税额	
办公用品		批	1.00	410.26	410.26	17%	69.74	
合计					¥ 410.26		¥69.74	
价税合计（大写）	肆佰捌拾元整						¥ 480.00	
销售方	名　　称：北京得力办公用品有限公司 纳税人识别号：125635489632548 地 址、电 话：北京市海淀区得力楼 5632145 开户行及账号：中国农业银行北京得力支行 63254633			备注	125635489632548 发票专用章			

收款人：李强　　复核：王生　　开票人：李强　　销售方：（章）

第三联：发票联 购买方记账凭证

记账凭证

本币：人民币　单位：元

2016 年 5 月 28 日

核算单位：[001]北京明基设备制造有限公司　　第0017号 - 0001/0001

摘　要	会 计 科 目	借方金额	贷方金额
李季委购复印纸	管理费用/办公费	410.26	
李季委购复印纸	应交税费/应交增值税/进项税额	69.74	
李季委购复印纸	银行存款/建设银行		480.00
附单据数 1 张	合计 肆佰捌拾元整	480.00	480.00

财务主管:　　记账:　　复核: 周磊　　出纳:　　制单: demo　　经办人:

业务 18：报销业务招待费

2016 年 5 月 30 日，公司办公室刘文胜招待北京中钢业务人员，经领导批准，报销业务招待费 1 460 元。

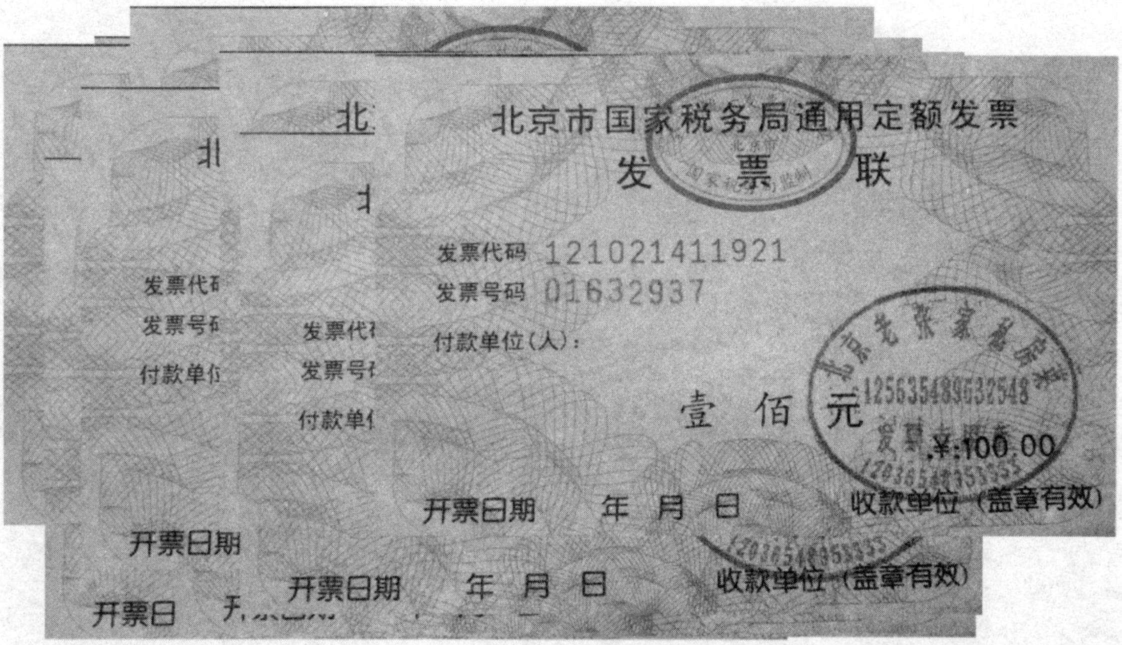

记账凭证

本币：人民币　单位：元

2016 年　5　月　30 日

核算单位：[001]北京明基设备制造有限公司　　　　第0018号 - 0001/0001

摘　要	会　计　科　目	借方金额	贷方金额
刘文胜报销业务招待费	管理费用/业务招待费	1,460.00	
刘文胜报销业务招待费	库存现金		1,460.00
附单据数　　张	合计　壹仟肆佰陆拾元整	1,460.00	1,460.00

财务主管：　　记账：　　复核：周磊　　出纳：　　制单：demo　　经办人：

业务 19：计提工资、社会保险、个人所得税

2016 年 5 月 31 日，计提 5 月份公司人员工资 26 216.42 元，代扣个人社会保险 1 552.86 元，代扣个人所得税 821.42 元。

5月份工资支付汇总表

单位：元

部门	序号	姓名	基本工资	岗位工资	加班费	奖金	其他	应发工资	养老保险	医疗保险	失业保险	补充医保	社保扣款合计	个税	其他	扣款合计	实发金额	签字
办公室		合计	8,724.42	9,800.00	400.00	5,100.00	2,192.00	26,216.42	1,042.08	260.52	130.26	120.00	1,552.86	821.42	0.00	2,374.28	23,842.14	

记账凭证

本币：人民币　单位：元

2016 年　5　月　31 日

核算单位：[001]北京明基设备制造有限公司　　第0019号 - 0001/0001

摘　要	会　计　科　目	借方金额	贷方金额
计提5月份工资	管理费用/工资	26,216.42	
计提5月份工资	应付职工薪酬/工资		23,842.14
计提5月份工资	应付职工薪酬/社会保险费		1,552.86
计提5月份工资	应交税费/应交个人所得税		821.42
附单据数　　张	合计　贰万陆仟贰佰壹拾陆元肆角贰分	26,216.42	26,216.42

财务主管：　记账：　复核：周磊　出纳：　制单：demo　经办人：

业务 20：摊销办公楼租金

2016 年 5 月 31 日，摊销办公楼租金 90 090.09 元，摊销厂房租金 270 270.27 元。

办公楼租金摊销(5月)

单位名称:北京腾飞物业管理公司

名称	总额(元)	摊销期限(月)	已摊销额(元)	月摊销额(元)	本期摊销额(元)	未摊销销(元)
房屋租金	1,081,081.08	12	0	90,090.09	90,090.09	990,990.99

厂房租金摊销(5月)

单位名称:北京黎明钢结构有限公司

名称	总额(元)	摊销期限(月)	已摊销额(元)	月摊销额(元)	本期摊销额(元)	未摊销销(元)
房屋租金	3,243,243.24	12	0	270,270.27	270,270.27	2,972,972.97

记账凭证

本币：人民币　单位：元

2016 年　5　月　31 日

核算单位：[001]北京明基设备制造有限公司　　　　第0020号 - 0001/0001

摘　要	会　计　科　目	借方金额	贷方金额
摊销房租	管理费用/租赁费	360,360.36	
摊销房租	长期待摊费用/租赁费		90,090.09
摊销房租	长期待摊费用/租赁费		270,270.27
附单据数　　张	合计 叁拾陆万零叁佰陆拾元叁角陆分	360,360.36	360,360.36

财务主管:　　记账:　　复核:　　出纳:　　制单: demo　　经办人:

业务 21：结转管理费用

2016 年 5 月 31 日，月末结转管理费用。

记账凭证

本币：人民币 单位：元

2016 年 5 月 31 日

核算单位：[001]北京明基设备制造有限公司 第0021号 - 0001/0001

摘 要	会 计 科 目	借方金额	贷方金额
结转管理费用	本年利润	394,046.69	
结转管理费用	管理费用/工资		26,216.42
结转管理费用	管理费用/办公费		4,409.91
结转管理费用	管理费用/业务招待费		3,060.00
结转管理费用	管理费用/租赁费		360,360.36
附单据数 张	合计 叁拾玖万肆仟零肆拾陆元陆角玖分	394,046.69	394,046.69

财务主管： 记账： 复核： 出纳： 制单：demo 经办人：

（二）2016 年 6 月份的账务处理

业务 1：购买数控切割机床

2016 年 6 月 1 日，从青岛宏泰机床有限公司购买数控切割机床 1 台，单价 350 000 元。设备到货，验收合格，办理入库，经领导批准，支付货款 350 000 元。

4100104787 **青岛增值税专用发票** NO 56321536

4100104787
56321536

发票联

开票日期：2016年6月1日

购买方	名称：北京明基设备制造有限公司 纳税人识别号：65896325LKJHGYUI56 地址、电话：北京市海淀区联想桥青云当代大厦4-1 36548963 开户行及账号：中国建设银行北京中山支行2120150120005302504l			密码区	6877789*&^*(&%45*&^)(*&*(%(6^^#%#@#$@342vkh%43223216+5456132415?><$#@$#+128$+151#@$@$+177@+1103+1129#@Q$@#R#564816#r3w4165151@#553#$%#5+128&^#$&^3515618651*^%651651&$		
货物或应税劳务、服务名称	规格型号	单位	数量	单价	金额	税率	税额
数控切割机床		台	1.00	299,145.30	299,145.30	17%	50,854.70
合计					¥ 299,145.30		¥50,854.70
价税合计（大写）	叁拾伍万元整				（小写）		¥ 350,000.00
销售方	名称：青岛宏泰机床有限公司 纳税人识别号：58963254258 地址、电话：山东省青岛市宏泰大厦 5696325478 开户行及账号：中国工商银行青岛支行 12563985478			备注			

第三联：发票联 购买方记账凭证

收款人：薛凡　　复核：张强　　开票人：薛凡　　销售方：（章）

中国建设银行网上银行电子回单						
货币	人民币	日期:	2016-6-1	凭证号		交易流水号	
付款人	全称	北京明基设备制造有限公司	收款人	全称	青岛宏泰机床有限公司	
	账号	21201501200053025041		账号	12563985478	
	开户行	中国建设银行北京中山支行		开户行	中国工商银行青岛支行	
大写金额	叁拾伍万元整		小写金额	350,000.00		
用途	购买数控切割机床					
钞汇标志	钞户					
重要提示：电子回单可重复打印，如您已通过银行柜台取得相应纸质回单，请注意核对，勿重复记账。						
第一次补打						

固定资产卡片

卡片编号　0043　　　　日期　2016- 6- 1

固定资产编号	0043	固定资产名称	数控切割机床		
类别编号	02	类别名称	机械设备		
规格型号	kl36	部门名称	工厂		
增加方式	直接购入	存放地点	生产车间		
使用状况	在用	使用年限	10年	折旧方法	直线
总作总量		累计工作量		工作量单位	
启用日期	2016.6.1	已提月份		币种	
原值	299,145.30	净残值率	5%	净残值	14,957.27
累计折旧		月折旧率		月折旧额	2,368.23
净值		对应折旧科目	制造费用	项目	

录入人　张生　　　　录入日期　2016.6.1

记账凭证

本币：人民币　单位：元

2016 年　6　月　1　日

核算单位：[001]北京明基设备制造有限公司　　　　第0001号 - 0001/0001

摘　要	会 计 科 目	借方金额	贷方金额
购数控切割机床1台	固定资产/机械设备	299,145.30	
购数控切割机床1台	应交税费/应交增值税/进项税额	50,854.70	
购数控切割机床1台	银行存款/建设银行		350,000.00
附单据数　3　张	合计　叁拾伍万元整	350,000.00	350,000.00

财务主管：　记账：　复核：　出纳：　制单：demo　经办人：

业务 2：购买数控龙门铣床

2016 年 6 月 1 日，从青岛宏泰机床有限公司购买数控龙门铣床 2 台，单价 1 500 000 元，总金额 3 000 000 元。设备到货，需要安装，经领导批准，支付设备款 3 000 000 元。

4100104787　青岛增值税专用发票　NO 56321537

4100104787
56321537

（印章：全国统一发票监制章　青岛　国家税务总局监制　发票联）

开票日期：2016年6月1日

购买方	名　　称：北京明基设备制造有限公司 纳税人识别号：65896325LKJHGYUI56 地 址、电 话：北京市海淀区联想桥青云当代大厦4-1 36548963 开户行及账号：中国建设银行北京中山支行21201501200053025041	密码区	6877789*&^*(&%45*&^)(*&*(%(6^^#%#@#$@342vkh%43223216+5456132415?><$#@$#+128$+151#@$@$+177@+1103+1129#@Q$@#R#564816#r3w4165151@#553#$%#5+128&^#$&^3515618651*^%651651&$

货物或应税劳务、服务名称	规格型号	单位	数量	单价	金额	税率	税额
数控龙门铣床		台	2.00	1,282,051.28	2,564,102.56	17%	435,897.44
合　　计					￥2,564,102.56		￥435,897.44
价税合计（大写）	叁佰万元整						￥3,000,000.00

销售方	名　　称：青岛宏泰机床有限公司 纳税人识别号：58963254258 地 址、电 话：山东省青岛市宏泰大厦　5696325478 开户行及账号：中国工商银行青岛支行　12563985478	备注	（印章：青岛宏泰机床有限公司　58963254258　发票专用章）

收款人：薛凡　　复核：张强　　开票人：薛凡　　销售方：（章）

第三联：发票联　购买方记账凭证

中国建设银行网上银行电子回单

货币	人民币	日期:	2016-6-1	凭证号		交易流水号	
付款人	全称	北京明基设备制造有限公司		收款人	全称	青岛宏泰机床有限公司	
	账号	21201501200053025041			账号	12563985478	
	开户行	中国建设银行北京中山支行			开户行	中国工商银行青岛支行	
大写金额	叁佰万元整			小写金额	3,000,000.00		
用途	购买数控切割机床						
钞汇标志	钞户						
重要提示：电子回单可重复打印，如您已通过银行柜台取得相应纸质回单，请注意核对，勿重复记账。							
第一次补打							

（印章：中国建设银行　电子回单专用章）

固定资产卡片

卡片编号　0045　　日期　2016-6-1

固定资产编号	0045	固定资产名称	数控龙门铣床		
类别编号	02	类别名称	机械设备		
规格型号	kl56	部门名称	工厂		
增加方式	直接购入	存放地点	生产车间		
使用状况	在用	使用年限	10年	折旧方法	直线
总作总量		累计工作量		工作量单位	
启用日期	2016.6.1	已提月份		币种	
原值	1,282,051.28	净残值率	5%	净残值	64,102.56
累计折旧		月折旧率		月折旧额	10,149.57
净值		对应折旧科目	制造费用	项目	

录入人　张生　　录入日期　2016.6.1

记账凭证

本币：人民币　单位：元

2016 年 6 月 1 日

核算单位：[001]北京明基设备制造有限公司　　第0002号 － 0001/0001

摘　要	会 计 科 目	借方金额	贷方金额
购数控龙门铣床2台	在建工程/数控龙门铣床	2,564,102.56	
购数控龙门铣床2台	应交税费/应交增值税/进项税额	435,897.44	
购数控龙门铣床2台	银行存款/建设银行		3,000,000.00
附单据数　2　张	合计　叁佰万元整	3,000,000.00	3,000,000.00

财务主管：　记账：　复核：　出纳：　制单：demo　经办人：

业务 3：购买车床

2016 年 6 月 3 日，从大连机床有限公司购买 50# 车床 5 台，单价 200 000 元，总金额 1 000 000 元。设备到货，验收合格，办理入库，经领导批准，支付货款 1 000 000 元。

4100107536　大连增值税专用发票　NO 56345896　4100107536 56345896

开票日期：2016年6月3日

购买方	名　　称：北京明基设备制造有限公司 纳税人识别号：65896325LKJHGYUI56 地 址、电 话：北京市海淀区联想桥青云当代大厦4-1 36548963 开户行及账号：中国建设银行北京中山支行21201501200053025041			密码区	6877789*&^*(&%45*&^)(*&*(%(6^^#%#@#$@342vkh%43223216+5456132415?><$#@$#+128$+151#@$@$+177@+1103+1129#@Q$@#R#564816#r3w4165151@#553#$%#5+128&^#$&^3515618651*^%651651&$		
货物或应税劳务、服务名称	规格型号	单位	数量	单价	金额	税率	税额
50#车床		台	5.00	170,940.17	854,700.86	17%	145,299.15
合　计					¥ 854,700.86		¥145,299.15
价税合计（大写）	壹佰万元整				（小写）		¥ 1,000,000.00
销售方	名　　称：大连机床有限公司 纳税人识别号：365964523652 地 址、电 话：辽宁省大连市高新区 5696325478 开户行及账号：中国工商银行大连支行 3698521478564			备注			

收款人：吴珊珊　复核：王丽丽　开票人：吴珊珊　销售方：（章）

第三联：发票联　购买方记账凭证

大连机床有限公司　365964523652　发票专用章　1452639854

中国建设银行网上银行电子回单

货币	人民币	日期:	2016-6-3	凭证号		交易流水号	
付款人	全称	北京明基设备制造有限公司		收款人	全称	大连机床有限公司	
	账号	21201501200053025041			账号	3698521478564	
	开户行	中国建设银行北京中山支行			开户行	中国工商银行大连支行	
大写金额	壹佰万元整			小写金额	1,000,000.00		
用途	购买50#车床5台						
钞汇标志	钞户						
重要提示：电子回单可重复打印，如您已通过银行柜台取得相应纸质回单，请注意核对，勿重复记账。							
第一次补打							

中国建设银行　电子回单　专用章

固定资产卡片

卡片编号　0050　　　　日期　2016-6-3

固定资产编号	0050	固定资产名称	车床		
类别编号	02	类别名称	机械设备		
规格型号	50#	部门名称	工厂		
增加方式	直接购入	存放地点	生产车间		
使用状况	在用	使用年限	10年	折旧方法	直线
总作总量		累计工作量		工作量单位	
启用日期	2016.6.3	已提月份		币种	
原值	170,940.17	净残值率	5%	净残值	8,547.01
累计折旧		月折旧率		月折旧额	1,353.28
净值		对应折旧科目	制造费用	项目	

录入人　张生　　　　录入日期　2016.6.3

记账凭证

本币：人民币　单位：元

2016年 6 月 3 日

核算单位：[001]北京明基设备制造有限公司　　　　第0003号 - 0001/0001

摘　要	会 计 科 目	借方金额	贷方金额
购普通50#车床5台	固定资产/机械设备	854,700.86	
购普通50#车床5台	应交税费/应交增值税/进项税额	145,299.14	
购普通50#车床5台	银行存款/建设银行		1,000,000.00
附单据数　2　张	合计　壹佰万元整	1,000,000.00	1,000,000.00

财务主管:　　记账:　　复核:　　出纳:　　制单: demo　　经办人:

业务4：购买电焊机

2016年6月6日，购买电焊机10台，单价26 000元，总金额260 000元。设备到货，验收合格，办理入库，经领导批准支付货款260 000元。

1100104140 北京增值税专用发票 NO 65487856

1100104140
65487856

发票联

开票日期：2016年6月6日

购买方	名　　称：北京明基设备制造有限公司 纳税人识别号：65896325LKJHGYUI56 地址、电话：北京市海淀区联想桥青云当代大厦4-1 36548963 开户行及账号：中国建设银行北京中山支行21201501200053025041	密码区	6877789*&^*(&%45*&^)(*&*(%(6^^#%#@#$@342vkh%43223216+5456132415?><$#@$#+128$+151#@$@$+177@+1103+1129#@Q$@#R#564816#r3w4165151@#553#$%#5+128&^#$&^3515618651*^%651651&$

货物或应税劳务、服务名称	规格型号	单位	数量	单价	金额	税率	税额
电焊机		台	10.00	22,222.22	222,222.22	17%	37,777.78
合　计					¥ 222,222.22		¥37,777.78
价税合计（大写）	贰拾陆万元整				（小写）		¥ 260,000.00

销售方	名　　称：北京电焊机械有限公司 纳税人识别号：589632548596523648 地址、电话：北京市大兴区区庐山大厦 563245 开户行及账号：中国兴业银行大兴支行 6325696325485	备注	北京电焊机械有限公司 589632548596523648 发票专用章

收款人：杨吉山　　复核：夏洛开　　开票人：杨吉山　　销售方：（章）

第三联：发票联 购买方记账凭证

中国建设银行网上银行电子回单

货币	人民币	日期:	2016-6-6	凭证号		交易流水号	
付款人	全称	北京明基设备制造有限公司		收款人	全称	北京电焊机械有限公司	
	账号	21201501200053025041			账号	6325696325485	
	开户行	中国建设银行北京中山支行			开户行	中国兴业银行大兴支行	
大写金额	贰拾陆万元整			小写金额	260,000.00		
用途	购买电焊机10台						
钞汇标志	钞户						
重要提示：电子回单可重复打印，如您已通过银行柜台取得相应纸质回单，请注意核对，勿重复记账。							
第一次补打							

中国建设银行 电子回单专用章

固定资产卡片

卡片编号　0060　　　　日期　2016-6-6

固定资产编号	0060	固定资产名称	电焊机		
类别编号	01	类别名称	电子设备		
规格型号	4523	部门名称	工厂		
增加方式	直接购入	存放地点	生产车间		
使用状况	在用	使用年限	5年	折旧方法	直线
总作总量		累计工作量		工作量单位	
启用日期	2016.6.6	已提月份		币种	
原值	22,222.22	净残值率	5%	净残值	1,111.11
累计折旧		月折旧率		月折旧额	351.85
净值		对应折旧科目	制造费用	项目	

录入人　张生　　　　录入日期　2016.6.6

记账凭证

本币：人民币　单位：元

2016 年 6 月 6 日

核算单位：[001]北京明基设备制造有限公司　　　　第0004号 - 0001/0001

摘　要	会 计 科 目	借方金额	贷方金额
购电焊机10台	固定资产/机械设备	222,222.22	
购电焊机10台	应交税费/应交增值税/进项税额	37,777.78	
购电焊机10台	银行存款/建设银行		260,000.00
附单据数　2　张	合计　贰拾陆万元整	260,000.00	260,000.00

财务主管：　记账：　复核：　出纳：　制单：demo　经办人：

业务 5：报销出差费用

2016 年 6 月 6 日，张小军报销出差费用 2 150 元。

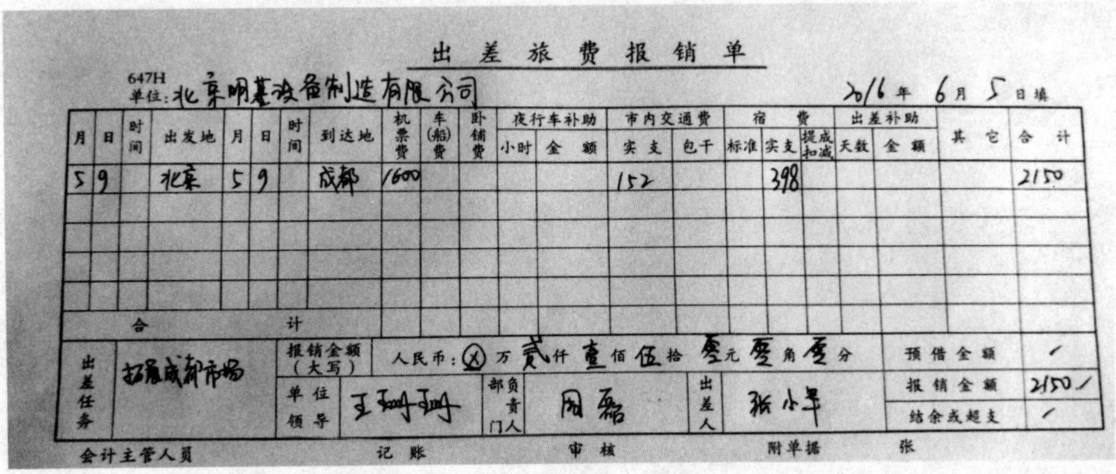

出差旅费报销单

647H

单位：北京明基设备制造有限公司　　2016 年 6 月 5 日填

月	日	时间	出发地	月	日	时间	到达地	机票费	车(船)费	卧铺费	夜行车补助 小时	夜行车补助 金额	市内交通费 实支	市内交通费 包干	宿费 标准	宿费 实支	宿费 提成扣减	出差补助 天数	出差补助 金额	其它	合计
5	9		北京	5	9		成都	1600					152			398					2150
合计																					

出差任务	拓展成都市场	报销金额（大写）	人民币：⊗万贰仟壹佰伍拾零元零角零分			预借金额	/
		单位领导	王丽丽	部门负责人	周磊	报销金额	2150 /
				出差人	张小军	结余或超支	/

会计主管人员　　记账　　审核　　附单据　　张

记账凭证

本币：人民币 单位：元

2016年 6 月 6 日

核算单位：[001]北京明基设备制造有限公司 第0005号 - 0001/0001

摘 要	会 计 科 目	借方金额	贷方金额
张小军报出差费用	管理费用/差旅费	2,150.00	
张小军报出差费用	其他应收款/张小军		2,000.00
张小军报出差费用	库存现金		150.00
附单据数 1 张	合计 贰仟壹佰伍拾元整	2,150.00	2,150.00

财务主管: 记账: 复核: 出纳: 制单: demo 经办人:

业务 6：报销业务招待费

2016 年 6 月 6 日，公司办公室刘文胜招待北京中钢业务人员，经领导批准，报销业务招待费 1 800 元。

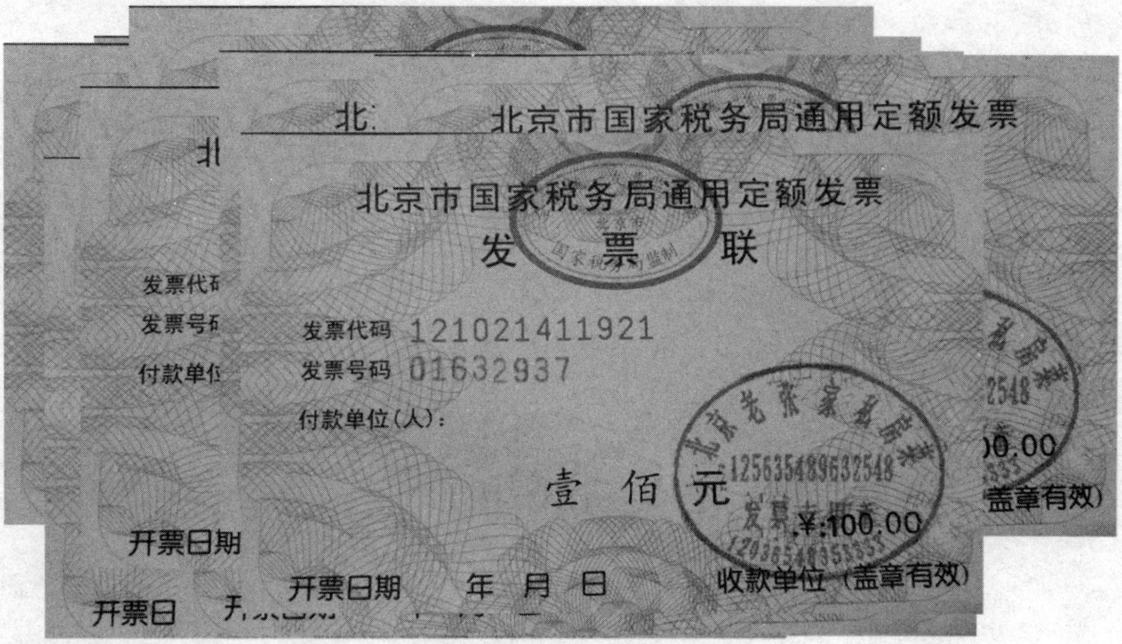

记账凭证

本币：人民币 单位：元

2016 年 6 月 6 日

核算单位：[001]北京明基设备制造有限公司 第0006号 - 0001/0001

摘 要	会 计 科 目	借方金额	贷方金额
刘文胜报招待费	管理费用/业务招待费	1,800.00	
刘文胜报招待费	银行存款/建设银行		1,800.00
附单据数 1 张	合计 壹仟捌佰元整	1,800.00	1,800.00

财务主管： 记账： 复核： 出纳： 制单：demo 经办人：

业务 7：报销市内交通费

2016 年 6 月 8 日，经领导批准，出纳周磊报销市内交通费 228 元。

记账凭证

本币：人民币 单位：元

2016 年 6 月 8 日

核算单位：[001]北京明基设备制造有限公司 第0007号 － 0001/0001

摘 要	会 计 科 目	借方金额	贷方金额
周磊报市内交通费	管理费用/办公费	228.00	
周磊报市内交通费	库存现金		228.00
附单据数 1 张	合计 贰佰贰拾捌元整	228.00	228.00

财务主管： 记账： 复核： 出纳： 制单：demo 经办人：

业务 8：购买奔驰轿车

2016 年 6 月 8 日，购买奔驰 E260L 轿车一辆，金额 560 000 元（含增值税）。购车缴纳车辆购置税 47 863 元，缴纳上牌费用 500 元、车船税 420 元、交强险费用 950 元，缴纳商业保险费用 12 685 元。

机动车销售统一发票

发票联

开票日期 2016年6月8日

发票代码 121021521071
发票号码 00132280

机打代码 机打号码 机打编号	发票代码 121021521071 发票号码 00132280	税控码	校验码 :84562GHB56G3D259V9F3X254256		
购买方名称及身份证号码组织机构代码	北京明基设备制造有限公司	纳税人识别号	65896325LKJHGYUI56		
车辆类型	小轿车	厂牌型号	奔驰2016E260Lcglb7182	产地	北京
合格证号	WA52365S63589S63	进口证明书号		商检单号	
发动机号码	237685	车辆识别代号/车架号码	ASG52F63D2F5G9VD2		
价税合计	伍拾陆万元整			小写	¥560,000.00
销货单位名称	北京奔腾起飞有限公司			电话	65235489
纳税人识别号	110563258963325489			账号	62596325893654896
地址	北京市昌平区西二旗搜后大厦	开户银行	中国工商银行北京西二旗支行		
增值税税率或征收率	0.17	增值税税额	¥81,367.52	主管税务机关及代码	北京市昌平区国税局
不含税价	小写¥478632.48	完税凭证号码		吨数	限乘人数 5

销货单位盖章　　开票人：王飞　　备注：一人一票

第一联发票联（购货单位付账凭证）

（手开无效）

中华人民共和国
税收完税证明

（101）京国证 01321456

填发日期：2016 年 6 月 8 日　　税务机关：北京市国家税务局车辆购置税征收管理局

纳税人识别号	65896325LKJHGYUI56		纳税人名称	北京明基设备制造有限公司	
原凭证号	税种	品目名称	税款所属时期	入(退)库时间	实缴(退)金额
658963252132546876	车辆购置税	车辆购置税	2016-06-02~2016-06-02	2016-06-08	¥47,863.00
金额合计	（大写）肆万柒仟捌佰陆拾叁元整				¥47,863.00
税务机关（盖章）	填票人 张明		备注		

安善保管、手写无效

第一联（收据）交纳税人作完税证明

中华人民共和国
税收完税证明

(地)

（101）京地证　01526354

填发日期：2016 年 6 月 8 日　　税务机关：北京市海淀区地方税务局第一税务所

纳税人识别号	65896325LKJHGYUI56		纳税人名称	北京明基设备制造有限公司	
原凭证号	税　种	品目名称	税款所属时期	入(退)库时间	实缴(退)金额
152365896547523658	车船税	车船税	2016-05-01~2017-05-31	2016-06-08	¥420.00
金额合计（大写）肆佰贰拾元整					¥420.00
税务机关（盖章）	填票人	备注			

第一联（收据）交纳税人作完税证明

安善保管、手写无效

中国建设银行
转账支票存根
256853576
10638642

附加信息

出票日期 2016年 6月08 日

收款人：北京奔腾起飞有限公司

金额：560,000.00

用途：奔驰E260L轿车

单位主管　　会计

付款期限自出票之日十天

中国建设银行 China Construction Bank　**转账支票**　256853576　10638642

出票日期（大写）贰零壹陆 年 零陆 月 零捌 日　付款行名称：中国建设银行北京中山支行

收款人：北京奔腾起飞有限公司　　出票人账号：212015012000530250 41

人民币（大写）	伍拾陆万元整	亿	千	百	十	万	千	百	十	元	角	分
				¥	5	6	0	0	0	0	0	0

用途：奔驰E260L轿车　　密码：

行号：

上列款项请从
我账户内支付
出票人签章　　复核：　　记账：

固定资产卡片

卡片编号　0061　　　　日期　2016-6-8

固定资产编号	0061	固定资产名称	奔驰E260L轿车		
类别编号	03	类别名称	运输工具		
规格型号	E260L	部门名称	公司		
增加方式	直接购入	存放地点	公司		
使用状况	在用	使用年限	5年	折旧方法	直线
总作总量		累计工作量		工作量单位	
启用日期	2016.6.8	已提月份		币种	
原值	540,278.69	净残值率	5%	净残值	27,013.93
累计折旧		月折旧率		月折旧额	8,554.41
净值		对应折旧科目	管理费用	项目	

录入人　张生　　　　录入日期　2016.6.8

记账凭证

本币：人民币　单位：元

2016年 6 月 8 日

核算单位：[001]北京明基设备制造有限公司　　　　第0008号 － 0001/0001

摘　要	会 计 科 目	借方金额	贷方金额
购奔驰E260L汽车一辆	固定资产/运输工具	540,278.69	
购奔驰E260L汽车一辆	应交税费/应交增值税/进项税额	81,367.52	
购奔驰E260L汽车一辆	应交税费/应交增值税/进项税额	718.02	
购奔驰E260L汽车一辆	应交税费/应交增值税/进项税额	53.77	
购奔驰E260L汽车一辆	银行存款/建设银行		622,418.00
附单据数　2　张	合计　陆拾贰万贰仟肆佰壹拾捌元整	622,418.00	622,418.00

财务主管:　　记账:　　复核:　　出纳:　　制单: demo　　经办人:

业务 9：购买招标文件

2016 年 6 月 8 日，参加北京中钢设备股份有限公司招标，支付购买招标文件费用 1 200 元。

北京增值税普通发票

1100104140　　NO 11025876　　1100104140 11025876

（印章：全国统一发票监制章 北京 税务局监制）发票联

开票日期：2016年6月8日

购买方	名　　称：北京明基设备制造有限公司 纳税人识别号： 地 址、电 话： 开户行及账号：
密码区	6877789*&^*(&%45*&^)(*&*(%(6^^#%#@#$@342vkh%43223216 +5456132415?><$#@$#+128$+151#@$@$+177@+1103+1129#@Q$ @#R#564816#r3w4165151@#553#$%#5+128&^#$&^3515618651* ^%651651&$

货物或应税劳务、服务名称	规格型号	单位	数量	单价	金额	税率	税额
招标文件		个	1.00	1,025.64	1,025.64	17%	174.36
合　　计					¥　1,025.64		¥174.36
价税合计（大写）	壹仟贰佰元整					（小写）	¥　1,200.00

销售方	名　　称：北京中钢设备股份有限公司 纳税人识别号：116351896221630 地 址、电 话：北京市海淀区创业大厦A座 1107286 开户行及账号：中国建设银行北京海淀分行 65815302	备注	（印章：北京中钢设备股份有限公司 116351896221630 发票专用章）

收款人：陈展　　复核：　王力　　开票人：　陈展　　销售方：（章）

第三联：发票联 购买方记账凭证

中国建设银行网上银行电子回单

货币	人民币	日期:	2016-6-8	凭证号		交易流水号	
付款人	全称	北京明基设备制造有限公司		收款人	全称	北京中钢设备股份有限公司	
	账号	21201501200053025041			账号	695153587	
	开户行	中国建设银行北京中山支行			开户行	中国建设银行北京东城区支行	
大写金额	壹仟贰佰元整			小写金额	1,200.00		
用途	招标文件					（印章：中国建设银行 电子回单专用章）	
钞汇标志	钞户						
重要提示：电子回单可重复打印，如您已通过银行柜台取得相应纸质回单，请注意核对，勿重复记账。							
第一次补打							

记账凭证

本币：人民币　单位：元

2016年 6 月 8 日

核算单位：[001]北京明基设备制造有限公司　　第0009号 - 0001/0001

摘　要	会 计 科 目	借方金额	贷方金额
购买招标文件	销售费用/办公费	1,200.00	
购买招标文件	银行存款/建设银行		1,200.00
附单据数　2　张	合计　壹仟贰佰元整	1,200.00	1,200.00

财务主管：　记账：　复核：　出纳：　制单：demo　经办人：

业务 10：支付投标保证金

2016 年 6 月 8 日，经领导批准，支付北京中钢设备股份有限公司投标保证金 500 000 元。

中国建设银行 China Construction Bank

电汇凭证　No 45632589

币别：　2016年 6月8日　流水号：

汇款方式		☑普通　☐加急			
汇款人	全称	北京明基设备制造有限公司	收款人	全称	北京中钢设备股份有限公司
	账号	21201501200053025041		账号	695153587
	汇出行名称	中国建设银行北京中山支行		汇入行名称	中国建设银行北京东城分行
金额	（大写）伍拾万元整			亿千百十万千百十元角分	¥50000000
				支付密码	
				附加信息及用途	投标保证金
				客户签章	

第二联 客户回单

中国建设银行北京中山支行 2016.6.8 转讫

会计主管　授权　复核　录入

收款收据

2016 年 6月 8 日

今收到 北京明基设备制造有限公司投标保证金500000元

金额（大写）伍拾万元整

¥500,000.00

单位名称（财务专用章）

北京中钢设备股份有限公司 财务专用章

黄文明印

核准　会计　记账　出纳　经手人

记账凭证

本币：人民币　单位：元

2016 年 6 月 8 日

核算单位：[001]北京明基设备制造有限公司　　第0010号 - 0001/0001

摘　要	会 计 科 目	借方金额	贷方金额
支付投标保证金	其他应收款/北京中钢设备股份有限公司	500,000.00	
支付投标保证金	银行存款/建设银行		500,000.00
附单据数　张	合计 伍拾万元整	500,000.00	500,000.00

财务主管：　记账：　复核：　出纳：　制单：demo　经办人：

业务 11：购买钢材

2016 年 6 月 8 日，采购电机车用钢材 500 吨，单价 3 500 元，总金额 1 750 000 元。

1100104140　　北京增值税专用发票　　NO 11025872　　1100104140 11025872

开票日期：2016年6月8日

购买方	名　　称：北京明基设备制造有限公司 纳税人识别号：65896325LKJHGYUI56 地 址、电 话：北京市海淀区联想桥青云当代大厦4-1 36548963 开户行及账号：中国建设银行北京中山支行21201501200053025041	密码区	6877789*&^*(&%45*&^)(*&*(%(6^^#%#@#$@342vkh%43223216+5456132415?><$#@$#+128$+151#@$@$+177@+1103+1129#@Q$@#R#564816#r3w4165151@#553#$%#5+128&^#$&^3515618651*^%651651&$

货物或应税劳务、服务名称	规格型号	单位	数量	单价	金额	税率	税额
钢材		吨	500.00	2,991.45	1,495,726.50	17%	254,273.50
合　　计					¥1,495,726.50		¥254,273.50
价税合计（大写）	壹佰柒拾伍万元整				（小写）		¥ 1,750,000.00

销售方	名　　称：北京新顺钢材有限公司 纳税人识别号：110351896221630 地 址、电 话：北京市海淀区工业大厦A座 1897296 开户行及账号：中国建设银行北京海淀分行 110153587	备注	北京新顺钢材有限公司 110351896221630 发票专用章

收款人：林峰　　复核：王东　　开票人：林峰　　销售方：（章）

第三联：发票联 购买方记账凭证

入库单

产品名称：钢材　　2016年6月8日　　单号：6253985

名称	规格	单位	数量	单价	金额	备注
钢材		吨	500	2,991.45	1,495,726.50	
合 计 金 额（大写）	壹佰肆拾玖万伍仟柒佰贰拾陆元伍角整				小写：1,495,726.5	

主管　　会计　　保管员　　经手人　王力

中国建设银行 China Construction Bank

电汇凭证

No 25639854

币别：　　　　2016年 6月20日　　　　流水号：

汇款方式		☑普通		☐加急	
汇款人	全称	北京明基设备制造有限公司	收款人	全称	北京新顺钢材有限公司
	账号	21201501200053025041		账号	837153587
	汇出行名称	中国建设银行北京中山支行		汇入行名称	中国建设银行北京海淀分行
金额	（大写）壹佰柒拾伍万元整				

亿	千	百	十	万	千	百	十	元	角	分
	¥	1	7	5	0	0	0	0	0	0

支付密码

附加信息及用途：材料购置款

客户签章

中国建设银行北京中山支行 2016.6.20 转讫

第二联 客户回单

会计主管　　授权　　复核　　录入

记账凭证

本币：人民币　单位：元

2016 年 6 月 8 日

核算单位：[001]北京明基设备制造有限公司　　　　第0011号 － 0001/0001

摘要	会计科目	借方金额	贷方金额
购钢材500吨	原材料/钢材	1,495,726.50	
购钢材500吨	应交税费/应交增值税/进项税额	254,273.50	
购钢材500吨 2016.06.08	应付账款　北京新顺钢材有限公司		1,750,000.00
附单据数　3　张	合计　壹佰柒拾伍万元整	1,750,000.00	1,750,000.00

财务主管：　记账：　复核：　出纳：　制单：demo　经办人：

业务 12：采购电机车减速机

2016 年 6 月 8 日，采购电机车减速机 10 台，单价 65 000 元，总金额 650 000 元。

1100104140　北京增值税专用发票　№ 11036721　1100104140 11036721

发票联

开票日期：2016年6月8日

购买方	名　　称：北京明基设备制造有限公司 纳税人识别号：65896325LKJHGYUI56 地 址、电 话：北京市海淀区联想桥青云当代大厦4-1 36548963 开户行及账号：中国建设银行北京中山支行21201501200053025041	密码区	6877789*&^*(&%45*&^)(*&*(%(6^^#%#@#$@342vkh%43223216+5456132415?><$#@$#+128$+151#@$@$+177@+1103+1129#@Q$@#R#564816#r3w4165151@#553#$%#5+128&^#$&^3515618651*^%651651&$

货物或应税劳务、服务名称	规格型号	单位	数量	单价	金额	税率	税额
电机车减速机		台	10.00	55,555.56	555,555.56	17%	94,444.44
合　　计					¥ 555,555.56		¥94,444.44
价税合计（大写）	陆拾伍万元整				（小写）		¥ 650,000.00

销售方	名　　称：北京万鑫减速机有限公司 纳税人识别号：110652386221630 地 址、电 话：北京市海淀区工业大厦B座 1697298 开户行及账号：中国建设银行北京海淀分行 956153587	备注	北京万鑫减速机有限公司 110652386221630 发票专用章

收款人：黄宇　　复核：王想　　开票人：黄宇　　销售方：（章）

第三联：发票联　购买方记账凭证

入库单

产品名称：电机车减速机　　2016年6月8日　　单号：6253986

名称	规格	单位	数量	单价	金额	备注
电机车减速机		台	10	55, 555. 56	555, 555. 56	
合计金额（大写）	伍拾伍万伍仟伍佰伍拾伍元伍角陆分　小写：555, 555. 56					

主管　　会计　　保管员　　经手人　王力

中国建设银行 China Construction Bank

电汇凭证

No 96547671

币别： 2016年 6月8日 流水号：

汇款方式	✓普通 □加急			
汇款人	全称	北京明基设备制造有限公司	收款人 全称	北京万鑫减速机有限公司
	账号	21201501200053025041	账号	956153587
	汇出行名称	中国建设银行北京中山支行	汇入行名称	中国建设银行北京海淀分行
金额	（大写）陆拾伍万元整		亿千百十万千百十元角分	¥65000000
			支付密码	
			附加信息及用途： 设备购置款	
			客户签章	

第二联 客户回单

中国建设银行北京中山支行 2016.6.8 转帐 转讫

会计主管 授权 复核 录入

记账凭证

本币：人民币 单位：元

2016 年 6 月 8 日

核算单位：[001]北京明基设备制造有限公司 第0012号 - 0001/0001

摘要	会计科目	借方金额	贷方金额
购买减速机10台	原材料/外购件/减速机	555,555.56	
购买减速机10台	应交税费/应交增值税/进项税额	94,444.44	
购买减速机10台 2016.06.08	应付账款 北京万鑫减速机有限公司		650,000.00
附单据数 3 张	合计 陆拾伍万元整	650,000.00	650,000.00

财务主管： 记账： 复核： 出纳： 制单：demo 经办人：

业务 13：支付购买办公家具剩余款项

2016 年 6 月 9 日，经领导批准，支付于 2016 年 5 月 16 日从深圳长城家具有限公司购买办公家具剩余款项，金额 27 657 元。

中国建设银行 China Construction Bank

电 汇 凭 证

No 58963257

币别：　　　　2016年 6月9日　　　　流水号：

汇款方式		☑普通　☐加急			
汇款人	全　称	北京明基设备制造有限公司	收款人	全　称	深圳长城家具有限公司
	账　号	21201501200053025041		账　号	0502100032425
	汇出行名称	中国建设银行北京中山支行		汇入行名称	平安银行深圳梅龙支行
金额	（大写）贰万柒仟陆佰伍拾柒元整			亿千百十万千百十元角分	¥2765700
				支付密码	
				附加信息及用途	家具尾款
					客户签章

中国建设银行北京中山支行 2016.6.9 转账 转讫

第二联 客户回单

会计主管　　授权　　复核　　录入

记账凭证

本币：人民币　单位：元

2016 年 6 月 9 日

核算单位：[001]北京明基设备制造有限公司　　第0013号 - 0001/0001

摘　要	会 计 科 目	借方金额	贷方金额
支付深圳长城家具尾款 2016.06.09	预付账款　深圳长城家具有限公司	27,657.00	
支付深圳长城家具尾款	银行存款/建设银行		27,657.00
附单据数　1　张	合计　贰万柒仟陆佰伍拾柒元整	27,657.00	27,657.00

财务主管：　　记账：　　复核：　　出纳：　　制单：demo　　经办人：

业务 14：购买标准件

2016 年 6 月 10 日，采购安装数控龙门铣床用标准件，金额 50 000 元。

北京增值税专用发票

1100104140　　№ 11025876　　1100104140　11025876

开票日期：2016年6月10日

购买方	名　称：北京明基设备制造有限公司 纳税人识别号：65896325LKJHGYUI56 地址、电话：北京市海淀区联想桥青云当代大厦4-1 36548963 开户行及账号：中国建设银行北京中山支行21201501200053025041			密码区	6877789*&^*(&%45*&^)(*&*(%(6^^#%#@#$@342vkh%43223216+5456132415?><$#@$#+128$+151#@$@$+177@+1103+1129#@Q$@#R#564816#r3w4165151@#553#$%#5+128&^#$&^3515618651*^%651651&$		
货物或应税劳务、服务名称	规格型号	单位	数量	单价	金额	税率	税额
标准件		个	1.00	42735.0400000	42,735.04	17%	7,264.96
合　计					¥ 42,735.04		¥7,264.96
价税合计（大写）	伍万元整						¥ 50,000.00
销售方	名　称：北京新顺钢材有限公司 纳税人识别号：110351896221630 地址、电话：北京市海淀区工业大厦A座 1897296 开户行及账号：中国建设银行北京海淀分行 110153587			备注	北京新顺钢材有限公司 110351896221630 发票专用章		

收款人：林峰　　复核：王东　　开票人：林峰　　销售方：（章）

第三联：发票联　购买方记账凭证

入库单

产品名称：标准件　　2016年6月8日　　单号：6253923

名称	规格	单位	数量	单价	金额	备注
标准件		个	1	42,735.04	42,735.04	
合计金额（大写）	肆万贰仟柒佰叁拾伍元零肆分　小写：42,735.04					

主管　　会计　　保管员　　经手人　王力

记账凭证

本币：人民币　单位：元

2016年 6 月 10日

核算单位：[001]北京明基设备制造有限公司　　第0014号 - 0001/0001

摘　要	会 计 科 目	借方金额	贷方金额
购买安装龙门铣床用标准件	在建工程/数控龙门铣床	42,735.04	
购买安装龙门铣床用标准件	应交税费/应交增值税/进项税额	7,264.96	
购买安装龙门铣床用标准件	银行存款/建设银行		50,000.00
附单据数　1　张	合计 伍万元整	50,000.00	50,000.00

财务主管:　记账:　复核:　出纳:　制单: demo　经办人:

业务 15：发放 5 月份工资

2016 年 6 月 10 日，经领导批准，发放 5 月份工资 23 842. 14 元。

中国建设银行网上银行电子回单

货币	人民币	日期：	2016-6-10	凭证号		交易流水号	
付款人	全称	北京明基设备制造有限公司		收款人	全称		
	账号	21201501200053025041			账号		
	开户行	中国建设银行北京中山支行			开户行		
大写金额	贰万叁仟捌佰肆拾贰元壹角肆分			小写金额	23,842.14		
用途	工资					中国建设银行 电子回单 专用章	
钞汇标志	钞户						
重要提示：电子回单可重复打印，如您已通过银行柜台取得相应纸质回单，请注意核对，勿重复记账。							
第一次补打							

记账凭证

本币：人民币　单位：元

2016 年　6　月　10 日

核算单位：[001]北京明基设备制造有限公司　　　　第0015号 － 0001/0001

摘　要	会　计　科　目	借方金额	贷方金额
发放5月份工资	应付职工薪酬/工资	23,842.14	
发放5月份工资	银行存款/建设银行		23,842.14
附单据数　1　张	合计　贰万叁仟捌佰肆拾贰元壹角肆分	23,842.14	23,842.14

财务主管：　　记账：　　复核：　　出纳：　　制单：demo　　经办人：

业务 16：缴纳代扣个人所得税

2016 年 6 月 10 日，缴纳代扣个人所得税 821.42 元。

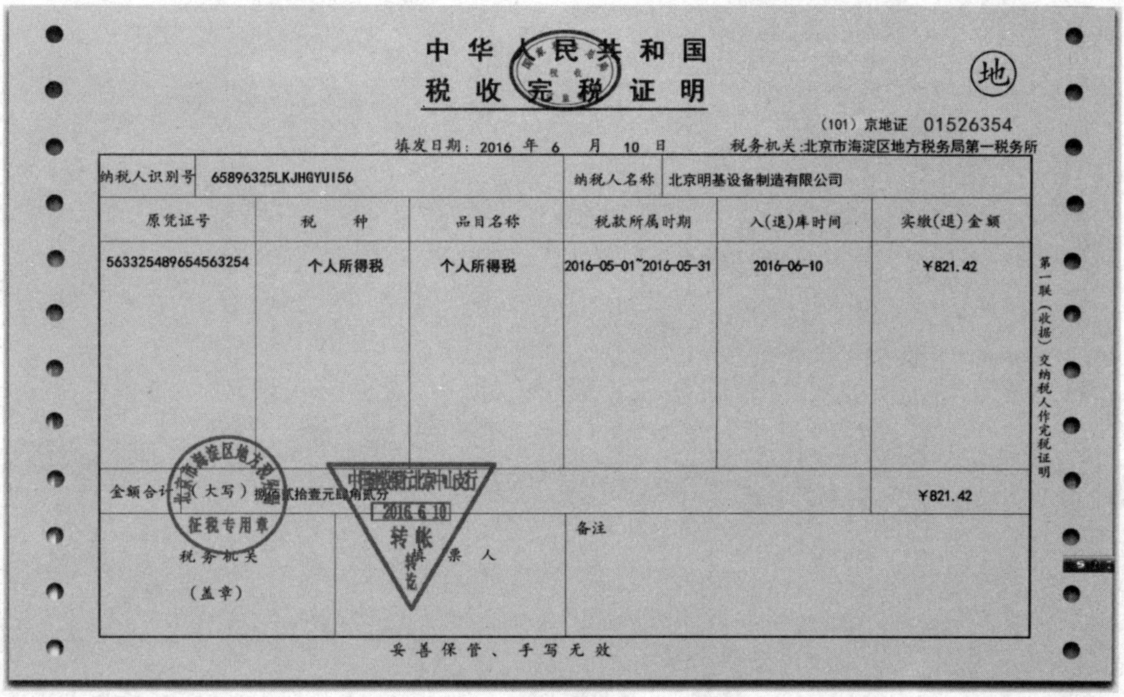

中华人民共和国
税收完税证明

地

(101) 京地证 01526354

填发日期：2016 年 6 月 10 日　　税务机关：北京市海淀区地方税务局第一税务所

纳税人识别号	65896325LKJHGYUI56			纳税人名称	北京明基设备制造有限公司
原凭证号	税种	品目名称	税款所属时期	入(退)库时间	实缴(退)金额
563325489654563254	个人所得税	个人所得税	2016-05-01~2016-05-31	2016-06-10	¥821.42
金额合计（大写）捌佰贰拾壹元肆角贰分					¥821.42
税务机关（盖章）	填票人		备注		

安善保管、手写无效

第一联（收据）交纳税人作完税证明

记账凭证

本币：人民币　单位：元

2016 年 6 月 10 日

核算单位：[001]北京明基设备制造有限公司　　第0016号 － 0001/0001

摘要	会计科目	借方金额	贷方金额
代缴个人所得税	应交税费/应交个人所得税	821.42	
代缴个人所得税	银行存款/建设银行		821.42
附单据数 1 张	合计 捌佰贰拾壹元肆角贰分	821.42	821.42

财务主管：　记账：　复核：　出纳：　制单：demo　经办人：

业务 17：缴纳职工基本保险费

2016 年 6 月 10 日，缴纳职工基本社会保险费 1 552.86 元。

记账凭证

本币：人民币　单位：元

2016 年　6　月　10 日

核算单位：[001]北京明基设备制造有限公司　　第0017号 － 0001/0001

摘　　要	会　计　科　目	借方金额	贷方金额
缴纳职工基本社会保险	应付职工薪酬/社会保险费	1,552.86	
缴纳职工基本社会保险	银行存款/建设银行		1,552.86
附单据数　1　张	合计　壹仟伍佰伍拾贰元捌角陆分	1,552.86	1,552.86

财务主管：　记账：　复核：　出纳：　制单：demo　经办人：

业务 18：缴纳实收资本印花税

2016 年 6 月 10 日，缴纳实收资本印花税 25 000 元。

中　华　人　民　共　和　国

税　收　通　用　缴　款　书

（201403）00349766　地

北地缴电

隶属关系：
注册类型：有限责任公司　　填发日期：　2016　年　6 月 15日　　征收机关：北京市海淀区第一税务所

缴款单位（人）			预算科目		
缴款单位（人）	代　码	500225260000058	预算科目	编　码	101111900
	全　称	北京明基设备制造有限公司		名　称	其他印花税
	开户银行	中国建设银行北京中山支行		级　次	地方财政
	帐　号	21201501200053025041	收款国库		北京市海淀区地方税务局
税款所属时期	2016 年 5 月 1 日		税款限缴时期	2016 年 6 月 21 日	

品目名称	课税数量	计税金额或销售收入	税率或单位税额	已缴或扣除额	实缴金额
资金账薄	1	50,000,000	0.05%		25,000
金额合计　（大写）　贰万伍仟元整					
缴款单位（人）（盖章） 经办人（章）	税务机关（盖章） 填票人（章）	上列款项已收妥并划转收款单位账户 国库（银行）盖章　2016 年　6 月9　日		备注	

无银行收讫章无效

第一联（收据）国库（银行）收款盖章后退缴单位（人）作完税凭证

逾期不缴按税法规定加收滞纳金

记账凭证

本币：人民币　单位：元

2016 年　6　月 10 日

核算单位：[001]北京明基设备制造有限公司　　第0018号 - 0001/0001

摘　要	会　计　科　目	借方金额	贷方金额
缴纳印花税	管理费用/印花税	25,000.00	
缴纳印花税	银行存款/建设银行		25,000.00
附单据数　2　张	合计　贰万伍仟元整	25,000.00	25,000.00

财务主管：　记账：　复核：　出纳：　制单：demo　经办人：

业务 19：报销业务招待费

2016 年 6 月 10 日，公司办公室刘文胜招待北京中钢业务人员，经领导批准，报销业务招待费 1 600 元。

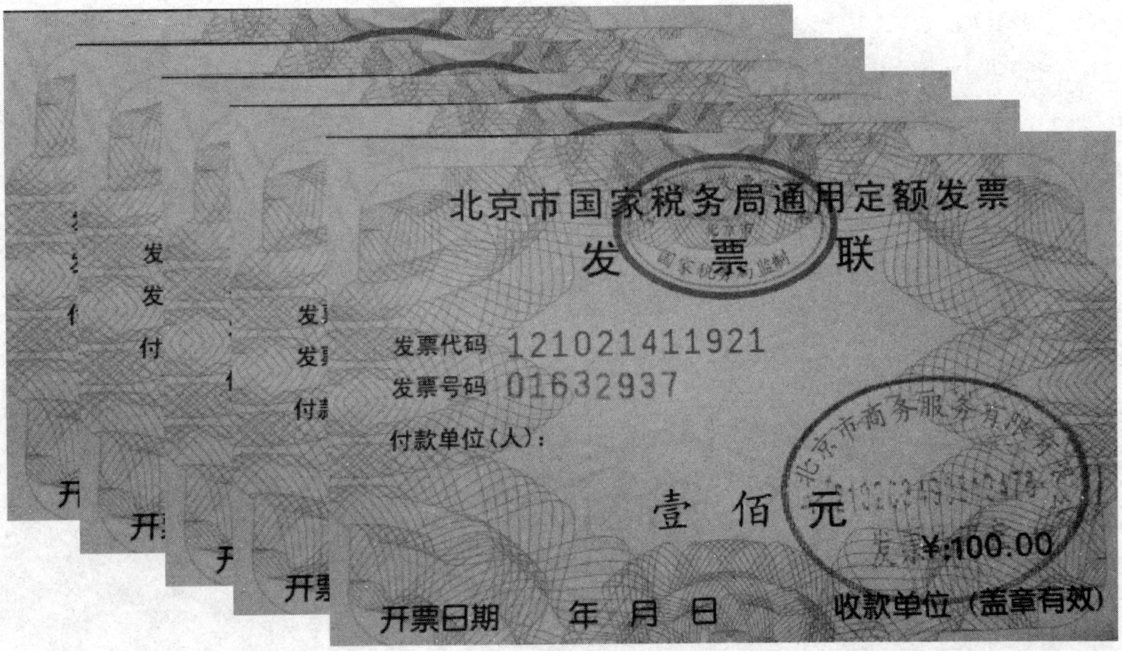
北京市国家税务局通用定额发票
发　票　联
发票代码 121021411921
发票号码 01632937
付款单位(人)：
壹　佰　元
¥:100.00
开票日期　年　月　日　收款单位（盖章有效）

记账凭证

本币：人民币　单位：元

2016 年　6　月 10 日

核算单位：[001]北京明基设备制造有限公司　　第0019号 － 0001/0001

摘　要	会　计　科　目	借方金额	贷方金额
刘文胜报业务招待费	管理费用/业务招待费	1,600.00	
刘文胜报业务招待费	库存现金		1,600.00
附单据数　1　张	合计　壹仟陆佰元整	1,600.00	1,600.00

财务主管：　记账：　复核：　出纳：　制单：demo　经办人：

业务 20：申请差旅费备用金

2016 年 6 月 10 日，经营部张光明到上海出差，申请差旅费备用金 5 000 元，经领导批准，同意支付。

北京明基设备制造有限公司公司

备用金申请单

申请部门：经营部　　　　申请日期：2016年6月10日

	姓名	职位	申请金额	申请用途
申请人员明细	张光明	职员	5000	差旅费

申请金额合计：¥　5,000.00（小写金额）　伍仟元整　（人民币大写）

（大写示例：壹、贰、叁、肆、伍、陆、柒、捌、玖、拾、佰、仟、万、元、角、分、零、整）

支付方式：

☐ 现金　　领款人签字：

■ 银行转账　　收款人：

开户行：

银行账号：

申请部门/负责人（签署部门意见）：同意

部门主管/经理审批：	财务部核准：	高级运营经理审批：
印 习城	印 杨林	王珊 印
2016 年 6 月 10 日	2016 年 6 月 10 日	2016 年 6 月 10 日

中国建设银行 China Construction Bank

电 汇 凭 证　　No 65213241

币别：　　2016年 6月10日　　流水号：

汇款方式		☑普通　☐加急			
汇款人	全　称	北京明基设备制造有限公司	收款人	全　称	张光明
	账　号	212015012000530250 41		账　号	6222083600019801765
	汇出行名称	中国建设银行北京中山支行		汇入行名称	中国建设银行北京中山支行
金额	（大写）伍仟元整			亿千百十万千百十元角分	¥500000
			支付密码		
			附加信息及用途：差旅费		
					客户签章

会计主管　　授权　　复核　　录入

第二联 客户回单

（印章：中国建设银行北京中山支行 2016.6.10 转讫）

记账凭证

本币：人民币　单位：元

2016年　6　月 10日

核算单位：[001]北京明基设备制造有限公司　　第0020号 - 0001/0001

摘　　要	会　计　科　目	借方金额	贷方金额
张光明借备用金	其他应收款/张光明	5,000.00	
张光明借备用金	银行存款/建设银行		5,000.00
附单据数　1　张	合计 伍仟元整	5,000.00	5,000.00

财务主管：　记账：　复核：　出纳：　制单：demo　经办人：

业务21：采购电机

2016年6月15日，从长春市大川电机股份有限公司采购电机20台，单价15 500元，总金额310 000元。电机到货，验收合格，办理入库。

4100152996　　吉林增值税专用发票　　NO 76431458　4100152996　76431458

（印章：全国统一发票监制章　吉林　发票联）

开票日期：2016年6月15日

购买方	名　　称：北京明基设备制造有限公司 纳税人识别号：65896325LKJHGYUI56 地 址、电 话：北京市海淀区联想桥青云当代大厦4-1 36548963 开户行及账号：中国建设银行北京中山支行212015012000053025041	密码区	6877789*&^*(&%45*&^)(*&*(%(6^^#%#@#$@342vkh%43223216+5456132415?><$#@$#+128$+151#@$@$+177@+1103+1129#@Q$@#R#564816#r3w4165151@#553#$%#5+128&^#$&^3515618651*^%651651&$

货物或应税劳务、服务名称	规格型号	单位	数量	单价	金额	税率	税额
电机		台	20.00	13247.8632000	264,957.26	17%	45,042.73
合　　计					¥ 264,957.26		¥45,042.73
价税合计（大写）	叁拾壹万元整						310,000.00

销售方	名　　称：长春市大川电机股份有限公司 纳税人识别号：521578963257896 地 址、电 话：宽城区人民大街时代大厦 4236578 开户行及账号：中国工商银行长春宽城支行 965548359	备注	（印章：长春市大川电机股份有限公司 521578963257896 发票专用章）

收款人：章北　　复核：李清　　开票人：章北　　销售方：（章）

第三联：发票联 购买方记账凭证

入库单

产品名称：电机　　2016年6月15日　　单号：5263310

名称	规格	单位	数量	单价	金额	备注
电机		台	20	13,247.86	264,957.26	
合计金额（大写）	贰拾陆万肆仟玖佰伍拾柒元贰角陆分　小写：264,957.26					

主管　　会计　　保管员　　经手人　王力

记账凭证

本币：人民币　单位：元

2016年　6　月　15日

核算单位：[001]北京明基设备制造有限公司　　第0021号 - 0001/0001

摘　　要	会　计　科　目	借方金额	贷方金额
购电机20台	原材料/外购件/电机	264,957.26	
购电机20台	应交税费/应交增值税/进项税额	45,042.74	
购电机20台 2016.06.15	应付账款　长春市大川电机股份有限公司		310,000.00
附单据数　3　张	合计　叁拾壹万元整	310,000.00	310,000.00

财务主管:　　记账:　　复核:　　出纳:　　制单: demo　　经办人:

业务 22：采购电机车悬挂装置

2016 年 6 月 16 日，从北京市华连机械厂采购电机车悬挂装置 20 套，单价 1 900 元，总金额 38 000 元。悬挂装置到货，验收合格，办理入库，经领导批准，支付货款 38 000 元。

1100104140　　北京增值税专用发票　　NO 76400158　　1100104140　76400158

（印章：全国统一发票监制章 北京 国家税务总局监制 发票联）

开票日期：2016年6月16日

购买方	名　　称：北京明基设备制造有限公司 纳税人识别号：65896325LKJHGYUI56 地 址、电 话：北京市海淀区联想桥青云当代大厦4-1 36548963 开户行及账号：中国建设银行北京中山支行21201501200053025041
密码区	6877789*&^*(&%45*&^)(*&*(%(6^^#%#@#$@342vkh%43223216+5456132415?><$#@$#+128$+151#@$@$+177@+1103+1129#@Q$@#R#564816#r3w4165151@#553#$%#5+128&^#$&^3515618651*^%651651&$

货物或应税劳务、服务名称	规格型号	单位	数量	单价	金额	税率	税额
电机车悬挂装置		套	20.00	1623.9316200	32,478.63	17%	5,521.37
合　　计					￥　32,478.63		￥5,521.37
价税合计（大写）	叁万捌仟元整				（小写）		￥　38,000.00

销售方	名　　称：北京市华连机械厂 纳税人识别号：125863210789621 地 址、电 话：北京市海淀区创业大厦 6536578 开户行及账号：中国工商银行北京海淀支行 968858359	备注	（印章：北京市华连机械厂 125863210789621 发票专用章）

收款人：李东杰　　复核：　王满　　开票人：　李东杰　　销售方

第三联：发票联　购买方记账凭证

入库单

产品名称：电机车悬挂装置　　　2016年6月16日　　　单号：5261033

名称	规格	单位	数量	单价	金额	备注
电机车悬挂装置		套	20	1,623.93	32,478.63	
合计金额（大写）	叁万贰仟肆佰柒拾捌元陆角叁分		小写：32,478.63			

主管　　　　会计　　　　保管员　　　　经手人　王力

中国建设银行网上银行电子回单							
货币	人民币	日期：	2016-6-16	凭证号		交易流水号	
付款人	全称	北京明基设备制造有限公司		收款人	全称	北京市华连机械厂	
	账号	21201501200053025041			账号	968858359	
	开户行	中国建设银行北京中山支行			开户行	中国工商银行北京海淀支行	
大写金额	叁万捌仟元整			小写金额	38,000.00		
用途	货款					中国建设银行 电子回单专用章	
钞汇标志	钞户						
重要提示：电子回单可重复打印，如您已通过银行柜台取得相应纸质回单，请注意核对，勿重复记账。							
第一次补打							

记账凭证

本币：人民币　单位：元

2016 年　6　月　16 日

核算单位：[001]北京明基设备制造有限公司　　第0022号 - 0001/0001

摘　　要	会　计　科　目	借方金额	贷方金额
购电机车用悬挂装置20套	原材料/外购件/悬挂装置	32,478.63	
购电机车用悬挂装置20套	应交税费/应交增值税/进项税额	5,521.37	
购电机车用悬挂装置20套	银行存款/建设银行		38,000.00
附单据数　3　张	合计　叁万捌仟元整	38,000.00	38,000.00

财务主管：　记账：　复核：　出纳：　制单：demo　经办人：

业务 23：采购脚踏式液压制动器

2016 年 6 月 16 日，从昆明东方起重设备有限公司采购脚踏式液压制动器 10 套，单价 38 610 元，总金额 386 100 元。制动器到货，验收合格，办理入库。

5269013568　　云南增值税专用发票　　№ 84250158　　5269013568 84250158

（印章：全国统一发票监制章 云南 国家税务总局监制）

开票日期：2016年6月16日

购买方	名　　称：北京明基设备制造有限公司 纳税人识别号：65896325LKJHGYUI56 地　址、电　话：北京市海淀区联想桥青云当代大厦4-1 36548963 开户行及账号：中国建设银行北京中山支行212015012000053025041			密码区	6877789*&^*(&%45*&^)(*&*(%(6^^#%#@#$@342vkh%43223216+5456132415?><$#@$#+128$+151#@$@$+177@+1103+1129#@Q$@#R#564816#r3w4165151@#553#$%#5+128&^#$&^3515618651*^%651651&$		
货物或应税劳务、服务名称	规格型号	单位	数量	单价	金额	税率	税额
脚踏式液压制动器		套	10.00	33000.0000000	330,000.00	17%	56,100.00
合　　计					¥ 330,000.00		¥56,100.00
价税合计（大写）	叁拾捌万陆仟壹佰元整				（小写）¥ 386,100.00		
销售方	名　　称：昆明东方起重设备有限公司 纳税人识别号：258963652012457 地　址、电　话：昆明市盘龙区金瓦路A座 2369852 开户行及账号：中国工商银行昆明金瓦路支行 862573021			备注	（印章：昆明东方起重设备有限公司 258963652012457 发票专用章）		

第三联：发票联　购买方记账凭证

收款人：李想　　复核：王虎　　开票人：李想　　销售方：（章）

入库单

产品名称：脚踏式液压制动器　　2016 年 6 月 16 日　　单号：5261056

名称	规格	单位	数量	单价	金额	备注
脚踏式液压制动器		套	10	33,000	330,000	
合计金额（大写）	叁拾叁万元整		小写：330,000			

主管　　会计　　保管员　　经手人　王力

记账凭证

本币：人民币　单位：元

2016年 6 月 16日

核算单位：[001]北京明基设备制造有限公司　　第0023号 - 0001/0001

摘　要	会 计 科 目	借方金额	贷方金额
购液压制动器10套	原材料/外购件/制动器	330,000.00	
购液压制动器10套	应交税费/应交增值税/进项税额	56,100.00	
购液压制动器10套 2016.06.16	应付账款　昆明东方起重设备有限公司		386,100.00
附单据数　3　张	合计 叁拾捌万陆仟壹佰元整	386,100.00	386,100.00

财务主管：　记账：　复核：　出纳：　制单：demo　经办人：

业务 24：采购触摸屏

2016 年 6 月 16 日，从众业达（北京）电器有限公司采购触摸屏 5 套，单价 29 900 元，总金额 149 500 元。触摸屏到货，验收合格，办理入库，经领导批准，支付货款 149 500 元。

1100104140　**北京增值税专用发票**　NO 76400158　1100104140　76400158

发票联　北京　全国统一发票监制章　国家税务总局监制

开票日期：2016年6月16日

购买方	名　　称：北京明基设备制造有限公司 纳税人识别号：65896325LKJHGYUI56 地 址、电 话：北京市海淀区联想桥青云当代大厦4-1 36548963 开户行及账号：中国建设银行北京中山支行21201501200053025041	密码区	6877789*&^*(&%45*&^)(*&*(%(6^^#%#@#$@342vkh%43223216+5456132415?><$#@$#+I28$+I51#@$@$+I77@+I103+I129#@Q$@#R#564816#r3w4165151@#553#$%#5+I28&^#$&^3515618651*^%651651&$

货物或应税劳务、服务名称	规格型号	单位	数量	单价	金额	税率	税额
触摸屏		套	5.00	25555.5560000	127,777.78	17%	21,722.22
合　　计					¥ 127,777.78		¥ 21,722.22
价税合计（大写）	壹拾肆万玖仟伍佰元整						¥ 149,500.00

销售方	名　　称：从众业达（北京）电器有限公司 纳税人识别号：110487896221630 地 址、电 话：北京市西城区解放路金马大厦 6547892 开户行及账号：中国建设银行北京解放路支行 289633021	备注	从众业达（北京）电器有限公司 110487896221630 发票专用章

第三联：发票联　购买方记账凭证

收款人：李铭泰　　复核：王费　　开票人：李铭泰　　销售方：（章）

入库单

产品名称：触摸屏　　2016 年 6 月 16 日　　单号：5261057

名称	规格	单位	数量	单价	金额	备注
触摸屏		套	5	25,555.56	127,777.78	
合计金额（大写）	壹拾贰万柒仟柒佰柒拾柒元柒角捌分		小写：127,777.78			

主管　　会计　　保管员　　经手人　王力

中国建设银行网上银行电子回单

货币	人民币	日期：	2016-6-16	凭证号		交易流水号	
付款人	全称	北京明基设备制造有限公司		收款人	全称	从众业达（北京）电器有限公司	
	账号	21201501200053025041			账号	289633021	
	开户行	中国建设银行北京中山支行			开户行	中国建设银行北京解放路支行	
大写金额	壹拾肆万玖仟伍佰元整			小写金额	149,500.00		
用途	货款						
钞汇标志	钞户						
重要提示：电子回单可重复打印，如您已通过银行柜台取得相应纸质回单，请注意核对，勿重复记账。							
第一次补打							

中国建设银行 电子回单 专用章

记账凭证

本币：人民币　单位：元

2016 年　6　月 16 日

核算单位：[001]北京明基设备制造有限公司　　　　第0024号 － 0001/0001

摘　　要	会　计　科　目	借方金额	贷方金额
购触摸屏5套	原材料/外购件/触摸屏	127,777.78	
购触摸屏5套	应交税费/应交增值税/进项税额	21,722.22	
购触摸屏5套	银行存款/建设银行		149,500.00
附单据数　3　张	合计　壹拾肆万玖仟伍佰元整	149,500.00	149,500.00

财务主管：　记账：　复核：　出纳：　制单：demo　经办人：

业务 25：采购主令控制器

2016 年 6 月 16 日，从北京明宇自动化工程有限公司采购主令控制器 10 个，单价 850 元，总金额 8 500 元。主令控制器到货，验收合格，办理入库，经领导批准，支付货款 8 500 元。

北京增值税专用发票

1100104140　　NO 56321458　　1100104140　56321458

开票日期：2016年6月16日

购买方　名　　称：北京明基设备制造有限公司
纳税人识别号：65896325LKJHGYUI56
地 址、电 话：北京市海淀区联想桥青云当代大厦4-1 36548963
开户行及账号：中国建设银行北京中山支行21201501200053025041

密码区：6877789*&^*(&%45*&^)(*&*(%(6^^#%#@#$@342vkh%43223216+5456132415?><$#@$#+I28$+I51#@$@$+I77@+I103+I129#@Q$@#R#564816#r3w4165151@#553#$%#5+I28&^#$&^3515618651*^%651651&$

货物或应税劳务、服务名称	规格型号	单位	数量	单价	金额	税率	税额
主令控制器		个	10.00	726.4957000	7,264.96	17%	1,235.04
合　　计					¥ 7,264.96		¥1,235.04
价税合计（大写）	捌仟伍佰元整						¥ 8,500.00

销售方　名　　称：北京明宇自动化工程有限公司
纳税人识别号：110874896221260
地 址、电 话：北京市东城区金辉路科技大厦 1037892
开户行及账号：中国建设银行北京金辉路支行 762633021

备注

收款人：周慧　　复核：张晓　　开票人：周慧　　销售方：（章）

第三联：发票联　购买方记账凭证

入库单

产品名称：主令控制器　　2016 年 6 月 16 日　　单号：5261058

名称	规格	单位	数量	单价	金额	备注
主令控制器		个	10	726.496	7,264.96	
合计金额（大写）	柒仟贰佰陆拾肆元玖角陆分		小写：7,264.96			

主管　　会计　　保管员　　经手人　王力

中国建设银行网上银行电子回单

货币	人民币	日期：	2016-6-16	凭证号		交易流水号	
付款人	全称	北京明基设备制造有限公司		收款人	全称	北京明宇自动化工程有限公司	
	账号	21201501200053025041			账号	762633021	
	开户行	中国建设银行北京中山支行			开户行	中国建设银行北京金辉路支行	
大写金额	捌仟伍佰元整			小写金额	8,500.00		
用途	货款					中国建设银行 电子回单 专用章	
钞汇标志	钞户						
重要提示：电子回单可重复打印，如您已通过银行柜台取得相应纸质回单，请注意核对，勿重复记账。							
第一次补打							

记账凭证

本币：人民币　单位：元

2016年　6　月　16日

核算单位：[001]北京明基设备制造有限公司　　　　第0025号 - 0001/0001

摘　　要	会　计　科　目	借方金额	贷方金额
购主令控制器10个	原材料/外购件/主令控制器	7,264.96	
购主令控制器10个	应交税费/应交增值税/进项税额	1,235.04	
购主令控制器10个	银行存款/建设银行		8,500.00
附单据数　3　张	合计　捌仟伍佰元整	8,500.00	8,500.00

财务主管：　　记账：　　复核：　　出纳：　　制单：demo　　经办人：

业务 26：采购电控柜

2016 年 6 月 17 日，从北京三立电器有限公司采购电控柜 30 台，单价 1 900 元，总金额 57 000 元。电控柜到货，验收合格，办理入库，经领导批准，支付货款 57 000 元。

北京增值税专用发票

1100104140　　NO 56320256　　1100104140 56320256

全国统一发票监制章 北京 发票联 国家税务总局监制

开票日期：2016年6月17日

购买方	名　　称：北京明基设备制造有限公司 纳税人识别号：65896325LKJHGYUI56 地 址、电 话：北京市海淀区联想桥青云当代大厦4-1 36548963 开户行及账号：中国建设银行北京中山支行21201501200053025041	密码区	6877789*&^*(&%45*&^)(*&*(%(6^^#%#@#$@342vkh%43223216+5456132415?><$#@$#+128$+151#@$@$+177@+1103+1129#@Q$@#R#564816#r3w4165151@#553#$%#5+128&^#$&^3515618651*^%651651&$

货物或应税劳务、服务名称	规格型号	单位	数量	单价	金额	税率	税额
电控柜		台	30.00	1,623.93	48,717.95	17%	8,282.05
合　　计					¥48,717.95		¥8,282.05
价税合计（大写）	伍万柒仟元整					（小写）¥	57,000.00

销售方	名　　称：北京三立电器有限公司 纳税人识别号：110874896285630 地 址、电 话：北京市东城区银座大厦 1032135 开户行及账号：中国建设银行北京东城区支行 256373021	备注	北京三立电器有限公司 110874896285630 发票专用章

收款人：吴益达　　复核：陈晓　　开票人：吴益达　　销售方：（章）

第三联：发票联　购买方记账凭证

入库单

产品名称：电控柜　　2016 年 6 月 17 日　　单号：5261059

名称	规格	单位	数量	单价	金额	备注
电控柜		台	30	1,623.93	48,717.95	
合计金额（大写）	肆万捌仟柒佰壹拾柒元玖角伍分		小写：48,717.95			

主管　　会计　　保管员　　经手人　王力

中国建设银行网上银行电子回单

货币	人民币	日期：	2016-6-17	凭证号		交易流水号	
付款人	全称	北京重型设备制造有限公司		收款人	全称	北京三立电器有限公司	
	账号	21201501200053025041			账号	256373021	
	开户行	中国建设银行北京中山支行			开户行	中国建设银行北京东城区支行	
大写金额	伍万柒仟元整			小写金额	57,000.00		
用途	货款					中国建设银行 电子回单 专用章	
钞汇标志	钞户						
重要提示：电子回单可重复打印，如您已通过银行柜台取得相应纸质回单，请注意核对，勿重复记账。							
第一次补打							

记账凭证

本币：人民币　单位：元

2016 年　6　月 17 日

核算单位：[001]北京明基设备制造有限公司　　第0026号 - 0001/0001

摘　要	会　计　科　目	借方金额	贷方金额
购电控柜30台	原材料/外购件/电控柜	48,717.94	
购电控柜30台	应交税费/应交增值税/进项税额	8,282.06	
购电控柜30台	银行存款/建设银行		57,000.00
附单据数　3　张	合计　伍万柒仟元整	57,000.00	57,000.00

财务主管：　记账：　复核：　出纳：　制单：demo　经办人：

业务 27：采购 UPS 电源

2016 年 6 月 17 日，从北京新东方电子科技有限公司采购 UPS 电源 10 台，单价 2 900 元，总金额 29 000 元。UPS 电源到货，验收合格，办理入库，经领导批准，支付货款。

1100104140　北京增值税专用发票　NO 56358932　1100104140　56358932

（印章：全国统一发票监制章　北京　发票联　国家税务总局监制）

开票日期：2016年6月17日

购买方	名　　称：北京明基设备制造有限公司 纳税人识别号：65896325LKJHGYUI56 地 址、电 话：北京市海淀区联想桥青云当代大厦4-1 36548963 开户行及账号：中国建设银行北京中山支行21201501200053025041
密码区	6877789*&^*(&%45*&^)(*&*(%(6^^#%#@#$@342vkh%43223216+5456132415?><$#@$#+128$+151#@$@$+177@+1103+1129#@Q$@#R#564816#r3w4165151@#553#$%#5+128&^#$&^3515618651*^%651651&$

货物或应税劳务、服务名称	规格型号	单位	数量	单价	金额	税率	税额
UPS电源		台	10.00	2,478.63	24,786.32	17%	4,213.68
合　计					¥ 24,786.32		¥4,213.68
价税合计（大写）	贰万玖仟元整						¥ 29,000.00

销售方	名　　称：北京新东方电子科技有限公司 纳税人识别号：110874896285630 地 址、电 话：北京市东城区东联路16号 1563135 开户行及账号：中国建设银行北京东城区支行 752393021	备注	（印章：北京新东方电子科技有限公司　110874896285630　发票专用章）

收款人：陈一凡　　复核：吴超　　开票人：陈一凡　　销售方：（章）

第三联：发票联　购买方记账凭证

入库单

产品名称：UPS电源　　2016 年 6 月 17 日　　单号：5261060

名称	规格	单位	数量	单价	金额	备注
UPS电源		台	10	2,478.63	24,786.32	
合计金额（大写）	贰万肆仟柒佰捌拾陆元叁角贰分　小写：24,786.32					

主管　　会计　　保管员　　经手人　王力

中国建设银行网上银行电子回单

货币	人民币	日期：	2016-6-17	凭证号		交易流水号	
付款人	全称	北京明基设备制造有限公司		收款人	全称	北京新东方电子科技有限公司	
	账号	21201501200053025041			账号	752393021	
	开户行	中国建设银行北京中山支行			开户行	中国建设银行北京东城区支行	
大写金额	贰万玖仟元整			小写金额	29,000.00		
用途	货款				中国建设银行 电子回单 专用章		
钞汇标志	钞户						
重要提示：电子回单可重复打印，如您已通过银行柜台取得相应纸质回单，请注意核对，勿重复记账。							
第一次补打							

记账凭证

本币：人民币　单位：元

2016 年 6 月 17 日

核算单位：[001]北京明基设备制造有限公司　　第0027号 - 0001/0001

摘　要	会　计　科　目	借方金额	贷方金额
购UPS电源	原材料/外购件/UPS电源	24,786.32	
购UPS电源	应交税费/应交增值税/进项税额	4,213.68	
购UPS电源	银行存款/建设银行		29,000.00
附单据数　3　张	合计 贰万玖仟元整	29,000.00	29,000.00

财务主管：　记账：　复核：　出纳：　制单：demo　经办人：

业务 28：采购储气罐

2016 年 6 月 17 日，从双峰压力容器（青岛）有限公司采购储气罐 10 台，单价 3 800 元，总金额 38 000 元。收到增值税专用发票，储气罐未到货。

4100104787　**青岛增值税专用发票**　NO 56340259　4100104787 56340259

发票联

开票日期：2016年6月17日

购买方	名　　称：北京明基设备制造有限公司 纳税人识别号：65896325LKJHGYUI56 地 址、电 话：北京市海淀区联想桥青云当代大厦4-1 36548963 开户行及账号：中国建设银行北京中山支行21201501200053025041	密码区	6877789*&^*(&%45*&^)(*&*(%(6^^#%#@#$@342vkh%43223216+5456132415?><$#@$#+128$+151#@$@$+177@+1103+1129#@Q$@#R#564816#r3w4165151@#553#$%#5+128&^#$&^3515618651*^%651651&$

货物或应税劳务、服务名称	规格型号	单位	数　量	单　价	金　额	税率	税　额
储气罐		台	10.00	3,247.86	32,478.63	17%	5,521.37
合　　计					¥ 32,478.63		¥ 5,521.37
价税合计（大写）	叁万捌仟元整						¥ 38,000.00

销售方	名　　称：双峰压力容器（青岛）有限公司 纳税人识别号：230874896285630 地 址、电 话：崂山区秦岭东路500号 9633135 开户行及账号：中国建设银行秦岭东路支行 936393021	备注	双峰压力容器（青岛）有限公司 230874896285630 发票专用章

收款人：晋东　　复核：李凯　　开票人：晋东　　销售方：（章）

第三联：发票联 购买方记账凭证

记账凭证

本币：人民币　单位：元

2016 年 6 月 17 日

核算单位：[001]北京明基设备制造有限公司　　第0028号 - 0001/0001

摘　　要	会　计　科　目	借方金额	贷方金额
购储气罐10台	原材料/外购件/储气罐	32,478.63	
购储气罐10台	应交税费/应交增值税/进项税额	5,521.37	
购储气罐10台 2016.06.17	应付账款　双峰压力容器（青岛）有限公司		38,000.00
附单据数　3　张	合计　叁万捌仟元整	38,000.00	38,000.00

财务主管：　记账：　复核：　出纳：　制单：demo　经办人：

业务 29：采购电磁铁

2016 年 6 月 18 日，从北京五环机电设备有限公司采购电磁铁 40 个，单价 550 元，总金额 22 000 元。电磁铁到货，验收合格，办理入库，经领导批准，支付货款 22 000 元。

1100104140　北京增值税专用发票　NO 42040259　1100104140　42040259

（全国统一发票监制章　北京　国家税务总局监制）发票联

开票日期：2016年6月18日

购买方	名　　称：北京明基设备制造有限公司 纳税人识别号：65896325LKJHGYUI56 地 址、电 话：北京市海淀区联想桥青云当代大厦4-1 36548963 开户行及账号：中国建设银行北京中山支行21201501200053025041	密码区	6877789*&^*(&%45*&^)(*&*(%(6^^#%#@#$@342vkh%43223216+5 456132415?><$#@$#+128$+151#@$@$+177@+1103+1129#@Q$@#R# 564816#r3w4165151@#553#$%#5+128&^#$&^3515618651*^%6516 51&$

货物或应税劳务、服务名称	规格型号	单位	数量	单价	金额	税率	税额
电磁铁		个	40.00	470.09	18,803.42	17%	3,196.58
合　　计					¥ 18,803.42		¥3,196.58
价税合计（大写）	贰万贰仟元整					（小写）¥	22,000.00

销售方	名　　称：北京五环机电设备有限公司 纳税人识别号：110321452358721 地 址、电 话：北京市海淀区黄河东路500号 2633135 开户行及账号：中国建设银行海淀支行 128663021	备注	（北京五环机电设备有限公司 110321452358721 发票专用章）

收款人：林宇　　复核：王凯　　开票人：林宇　　销售方：（章）

第三联：发票联　购买方记账凭证

入库单

产品名称：电磁铁　　2016 年 6 月 18 日　　单号：5261061

名称	规格	单位	数量	单价	金额	备注
电磁铁		个	40	470.09	18,803.42	
合 计 金 额（大写）	壹万捌千捌佰零叁元肆角贰分	小写：18,803.42				

主管　　会计　　保管员　　经手人　王力

中国建设银行网上银行电子回单							
货币	人民币	日期：	2016-6-18	凭证号		交易流水号	
付款人	全称	北京明基设备制造有限公司		收款人	全称	北京五环机电设备有限公司	
	账号	21201501200053025041			账号	128663021	
	开户行	中国建设银行北京中山支行			开户行	中国建设银行海淀支行	
大写金额	贰万贰仟元整			小写金额	22,000.00		
用途	货款					中国建设银行 电子回单 专用章	
钞汇标志	钞户						
重要提示：电子回单可重复打印，如您已通过银行柜台取得相应纸质回单，请注意核对，勿重复记账。							
第一次补打							

记账凭证

本币：人民币　单位：元

2016 年　6　月 18 日

核算单位：[001]北京明基设备制造有限公司　　　第0029号 - 0001/0001

摘　　要	会　计　科　目	借方金额	贷方金额
购电磁铁40个	原材料/外购件/电磁铁	18,803.42	
购电磁铁40个	应交税费/应交增值税/进项税额	3,196.58	
购电磁铁40个	银行存款/建设银行		22,000.00
附单据数　3　张	合计　贰万贰仟元整	22,000.00	22,000.00

财务主管：　记账：　复核：　出纳：　制单：demo　经办人：

业务 30：收到预付款

2016 年 6 月 20 日，公司投标北京中钢设备股份有限公司招标的电机车 5 台中标，单价 260 万元，合同金额 1 300 万元。收到北京中钢设备股份有限公司支付的 30%预付款 390 万元。

中国建设银行网上银行电子回单

货币	人民币	日期：	2016-6-8	凭证号		交易流水号	
付款人	全称	北京中钢设备股份有限公司		收款人	全称	北京明基设备制造有限公司	
	账号	695153587			账号	21201501200053025041	
	开户行	中国建设银行北京东城区支行			开户行	中国建设银行北京中山支行	
大写金额	叁佰万元整			小写金额	3,000,000.00		
用途	预付款					中国建设银行 电子回单专用章	
钞汇标志	钞户						
重要提示：电子回单可重复打印，如您已通过银行柜台取得相应纸质回单，请注意核对，勿重复记账。							
第一次补打							

中国建设银行 China Construction Bank　银行承兑汇票　2 CA 01　65000568

出票日期（大写）　2016年　6　月　20　日

出票人全称	北京中钢设备股份有限公司	收款人	全称	北京明基设备制造有限公司
出票人帐号	658153021		帐号	21201501200053025041
付款行全称	中国建设银行北京海淀分行		开户银行	中国建设银行北京中山支行
出票金额	人民币（大写）玖拾万元整		亿 千 百 十 万 千 百 十 元 角 分	¥ 9 0 0 0 0 0 0 0
汇票到期日（大写）	二零一六年六月二十日	付款行	行号	1806
承兑协议编号			地址	北京市海淀区胜利路160号
本汇票请你行承兑，到期无条件付款　出票人签章		本汇票已经承兑，到期日由本行付款　承兑行签章　承兑日期 2016年 6 月20日	密押	
		备注：	复核	记账

记账凭证

本币：人民币　单位：元

2016 年 6 月 20 日

核算单位：[001]北京明基设备制造有限公司　　第0030号 - 0001/0001

摘　要	会　计　科　目	借方金额	贷方金额
收中钢预付款	银行存款/建设银行	3,000,000.00	
收中钢预付款 2016.06.20	应收票据　北京中钢设备股份有限公司	900,000.00	
收中钢预付款 2016.06.20	预收账款　北京中钢设备股份有限公司		3,900,000.00
附单据数　3　张	合计　叁佰玖拾万元整	3,900,000.00	3,900,000.00

财务主管：　记账：　复核：　出纳：　制单：demo　经办人：

业务 31：支付钢材款

2016 年 6 月 20 日，经领导批准，支付北京新顺钢材有限公司钢材款 1 750 000 元。

中国建设银行 China Construction Bank

电 汇 凭 证　　No 25639854

币别：　　2016年 6月20日　　流水号：

汇款方式		✓普通　□加急			
汇款人	全　称	北京明基设备制造有限公司	收款人	全　称	北京新顺钢材有限公司
	账　号	21201501200053025041		账　号	837153587
	汇出行名称	中国建设银行北京中山支行		汇入行名称	中国建设银行北京海淀分行
金额	（大写）捌拾伍万元整				

亿	千	百	十	万	千	百	十	元	角	分
		¥	8	5	0	0	0	0	0	0

支付密码

附加信息及用途：设备购置款

客户签章

（印章：中国建设银行北京中山支行 2016.6.20 转帐 转讫）

第二联 客户回单

会计主管　　授权　　复核　　录入

中国建设银行 China Construction Bank

银行承兑汇票　　2 CA 01　　65000568

出票日期（大写）　2016年　6　月　20　日

出票人全称	北京中钢设备股份有限公司	收款人	全称	北京明基设备制造有限公司
出票人帐号	658153021		帐号	21201501200053025041
付款行全称	中国建设银行北京海淀分行		开户银行	中国建设银行北京中山支行
出票金额	人民币（大写）玖拾万元整			
汇票到期日（大写）	二零一六年六月二十日	付款行	行号	1806
承兑协议编号			地址	北京市海淀区胜利路160号

亿	千	百	十	万	千	百	十	元	角	分
		¥	9	0	0	0	0	0	0	0

本汇票请你行承兑，到期无条件付款

（印章：北京中钢设备股份有限公司）　达黄印海

出票人签章

本汇票已经承兑，到期日由本行付款

承兑行签章

承兑日期 2016年 6 月20日

（印章：中国建设银行 汇票专用章 251325）

密押

备注：　　复核　　波王印海　　记账

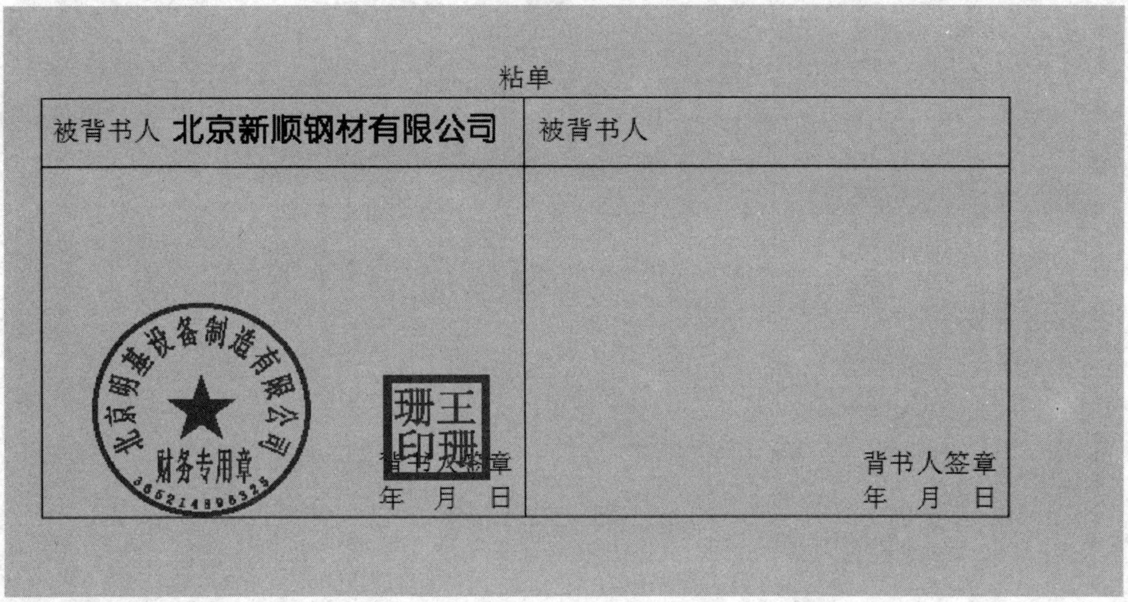

粘单

被背书人 北京新顺钢材有限公司	被背书人
北京明基设备制造有限公司 财务专用章 王珊印 背书人签章 年 月 日	背书人签章 年 月 日

记账凭证

本币：人民币　单位：元

2016 年　6　月 20 日

核算单位：[001]北京明基设备制造有限公司　　　　第0031号 - 0001/0001

摘　要	会　计　科　目	借方金额	贷方金额
支付钢材款 2016.06.30	应付账款　北京新顺钢材有限公司	1,750,000.00	
支付钢材款 2016.06.30	应收票据　北京中钢设备股份有限公司		900,000.00
支付钢材款	银行存款/建设银行		850,000.00
附单据数　3　张	合计　壹佰柒拾伍万元整	1,750,000.00	1,750,000.00

财务主管：　　记账：　　复核：　　出纳：　　制单：demo　　经办人：

业务 32：采购低压元器件

2016 年 6 月 20 日，从众业达（北京）有限公司采购低压元器件 5 套，单价 15 200 元，总金额 76 000 元。验收合格，办理入库。

1100104140　　北京增值税专用发票　　NO 35640259　　1100104140 35640259

（印章：全国统一发票监制章 北京 发票联 国家税务总局监制）

开票日期：2016年6月20日

购买方　名　　称：北京明基设备制造有限公司
纳税人识别号：65896325LKJHGYUI56
地 址、电 话：北京市海淀区联想桥青云当代大厦4-1 36548963
开户行及账号：中国建设银行北京中山支行2120150120005302504I

密码区　6877789*&^*(&%45*&^)(*&*(%(6^^#%#@#$@342vkh%43223216+5456132415?><$#@$#+128$+151#@$@$+177@+1103+1129#@Q$@#R#564816#r3w4165151@#553#$%#5+128&^#$&^3515618651*^%651651&$

货物或应税劳务、服务名称	规格型号	单位	数量	单价	金额	税率	税额
低压元器件		套	5.00	12,991.45	64,957.26	17%	11,042.73
合　　计					¥　64,957.26		¥11,042.73
价税合计（大写）	柒万陆仟元整						¥　76,000.00

销售方　名　　称：众业达（北京）有限公司
纳税人识别号：110487896221630
地 址、电 话：北京市西城区解放路金马大厦 6547892
开户行及账号：中国建设银行北京解放路支行 28963302

备注　（印章：众业达（北京）电器有限公司 110487896221630 发票专用章）

收款人：李想　　复核：王虎　　开票人：李想　　销售方：（章）

第三联：发票联　购买方记账凭证

入库单

产品名称：低压元器件　　2016 年 6 月 20 日　　单号：5261062

名称	规格	单位	数量	单价	金额	备注
低压元器件		套	5	12,991.45	64,957.26	
合计金额（大写）	陆万肆仟玖佰伍拾柒元贰角陆分		小写：64,957.26			

主管　　会计　　保管员　　经手人　王力

记账凭证

本币：人民币　单位：元

2016年 6 月 20日

核算单位：[001]北京明基设备制造有限公司　　第0032号 - 0001/0001

摘　要	会 计 科 目	借方金额	贷方金额
购低压元器件	原材料/外购件/低压元器件	64,957.26	
购低压元器件	应交税费/应交增值税/进项税额	11,042.74	
购低压元器件 2016.06.30	应付账款　众业达（北京）有限公司		76,000.00
附单据数　2　张	合计 柒万陆仟元整	76,000.00	76,000.00

财务主管:　记账:　复核:　出纳:　制单: demo　经办人:

业务 33：采购液压缓冲器

2016 年 6 月 22 日，从沈阳航空设备制造有限公司采购液压缓冲器 10 件，单价 1 240 元，金额 12 400 元。验收合格，办理入库。

4100107665　　辽宁增值税专用发票　　NO 23058259　　4100107665　23058259

开票日期：2016年6月22日

购买方	名　　称：北京明基设备制造有限公司 纳税人识别号：65896325LKJHGYUI56 地 址、电 话：北京市海淀区联想桥青云当代大厦4-1 36548963 开户行及账号：中国建设银行北京中山支行21201501200053025041	密码区	6877789*&^*(&%45*&^)(*&*(%(6^^#%#@#$@342vkh%43223216+5456132415?><$#@$#+128$+151#@$@$+177@+1103+1129#@Q$@#R#564816#r3w4165151@#553#$%#5+128&^#$&^3515618651*^%651651&$

货物或应税劳务、服务名称	规格型号	单位	数量	单价	金额	税率	税额
液压缓冲器		件	10.00	1,059.83	10,598.29	17%	1,801.71
合　　计					¥ 10,59[illegible]		¥1,801.71
价税合计（大写）	壹万贰仟肆佰元整				（小写）¥ 12,400.00		

销售方	名　　称：沈阳航空设备制造有限公司 纳税人识别号：210487896221630 地 址、电 话：沈阳市皇姑区建国路腾飞大厦 2307892 开户行及账号：中国建设银行沈阳建国路支行 256633021	备注	

收款人：付明哲　　复核：李东　　开票人：付明哲　　销售方：（章）

第三联：发票联 购买方记账凭证

入库单

产品名称：液压缓冲器　　2016 年 6 月 22 日　　单号：5261063

名称	规格	单位	数量	单价	金额	备注
液压缓冲器		件	10	1,059.83	10,598.29	
合计金额（大写）	壹万零伍佰玖拾捌元贰角玖分　小写：10,598.29					

主管　　会计　　保管员　　经手人　王力

记账凭证

本币：人民币 单位：元

2016 年 6 月 22 日

核算单位：[001]北京明基设备制造有限公司　　第0033号 - 0001/0001

摘　要	会 计 科 目	借方金额	贷方金额
购液压缓冲器10件	原材料/外购件/液压缓冲器	10,598.29	
购液压缓冲器10件	应交税费/应交增值税/进项税额	1,801.71	
购液压缓冲器10件 2016.06.22	应付账款　沈阳航空设备制造有限公司		12,400.00
附单据数 2 张	合计 壹万贰仟肆佰元整	12,400.00	12,400.00

财务主管：　记账：　复核：　出纳：　制单：demo　经办人：

业务 34：采购轴承

2016 年 6 月 22 日，从大连瓦房店轴承有限公司采购轴承 20 套，单价 900 元，总金额 18 000 元。轴承到货，验收合格，办理入库，经领导批准，支付货款 18 000 元。

4100107536 大连增值税专用发票 NO 36520759 4100107536 36520759

发票联

开票日期：2016年6月22日

购买方	名　　称：北京明基设备制造有限公司 纳税人识别号：65896325LKJHGYUI56 地 址、电 话：北京市海淀区联想桥青云当代大厦4-1 36548963 开户行及账号：中国建设银行北京中山支行21201501200053025041	密码区	6877789*&^*(&%45*&^)(*&*(%(6^^#%#@#$@342vkh%43223216+5456132415?><$#@$#+128$+151#@$@$+177@+1103+1129#@Q$@#R#564816#r3w4165151@#553#$%#5+128&^#$&^3515618651*^%651651&$

货物或应税劳务、服务名称	规格型号	单位	数量	单价	金额	税率	税额
轴承		套	20.00	769.23	15,384.61	17%	2,615.38
合　　计					¥ 15,384.61		¥2,615.38
价税合计（大写）	壹万捌仟元整						¥ 18,000.00

销售方	名　　称：大连瓦房店轴承有限公司 纳税人识别号：212487896221630 地 址、电 话：瓦房店市人民路100号 8367892 开户行及账号：中国建设银行瓦房店分行 210633021	备注	大连瓦房店轴承有限公司 212487896221630 发票专用章

收款人：梁远　　复核：张猛　　开票人：梁远　　销售方：（章）

第三联：发票联　购买方记账凭证

入库单

产品名称：轴承　　2016 年 6 月 22 日　　单号：5261064

名称	规格	单位	数量	单价	金额	备注
轴承		套	20	769.23	15,384.61	
合计金额（大写）	壹万伍仟叁佰捌拾肆元陆角壹分　小写：15,384.61					

主管　　会计　　保管员　　经手人　王力

中国建设银行 China Construction Bank

电 汇 凭 证

No58963255

币别：　　2016年 6月22日　　流水号：

<table>
<tr><td colspan="2">汇款方式</td><td colspan="4">☑普通　　□加急</td></tr>
<tr><td rowspan="3">汇款人</td><td>全　称</td><td>北京明基设备制造有限公司</td><td rowspan="3">收款人</td><td>全　称</td><td>大连瓦房店轴承有限公司</td></tr>
<tr><td>账　号</td><td>21201501200053025041</td><td>账　号</td><td>210633021</td></tr>
<tr><td>汇出行名称</td><td>中国建设银行北京中山支行</td><td>汇入行名称</td><td>中国建设银行瓦房店分行</td></tr>
<tr><td>金额</td><td colspan="3">（大写）壹万捌仟元整</td><td colspan="2">亿 千 百 十 万 千 百 十 元 角 分
¥ 1 8 0 0 0 0 0</td></tr>
<tr><td colspan="3" rowspan="3"></td><td colspan="3">支付密码</td></tr>
<tr><td colspan="3">附加信息及用途：设备购置款</td></tr>
<tr><td colspan="3">客户签章</td></tr>
</table>

会计主管　　授权　　复核　　录入

第二联 客户回单

中国建设银行北京中山支行 2016.6.22 转帐 转讫

记账凭证

本币：人民币　单位：元

2016 年　6　月 22 日

核算单位：[001]北京明基设备制造有限公司　　第0034号 - 0001/0001

摘　要	会 计 科 目	借方金额	贷方金额
购轴承20套	原材料/外购件/轴承	15,384.62	
购轴承20套	应交税费/应交增值税/进项税额	2,615.38	
购轴承20套	银行存款/建设银行		18,000.00
附单据数　3　张	合计　壹万捌仟元整	18,000.00	18,000.00

财务主管：　记账：　复核：　出纳：　制单：demo　经办人：

业务 35：采购螺杆式空压机

2016 年 6 月 22 日，从北京海权经贸有限公司购买螺杆式空压机 10 台，单价 34 500 元，总金额 345 000 元。螺杆式空压机到货，验收合格，办理入库。

1100104140 北京增值税专用发票 NO 21020759 1100104140 21020759

发票联

开票日期：2016年6月22日

购买方	名 称：北京明基设备制造有限公司 纳税人识别号：65896325LKJHGYUI56 地 址、电 话：北京市海淀区联想桥青云当代大厦4-1 36548963 开户行及账号：中国建设银行北京中山支行21201501200053025041	密码区	6877789*&^*(&%45*&^)(*&*(%(6^^#%#@#$@342vkh%43223216+5456132415?><$#@$#+128$+151#@$@$+177@+1103+1129#@Q$@#R#564816#r3w4165151@#553#$%#5+128&^#$&^3515618651*^%651651&$

货物或应税劳务、服务名称	规格型号	单位	数量	单价	金额	税率	税额
螺杆式空压机		台	10.00	29,487.18	294,871.79	17%	50,128.20
合计					¥294,871.79		¥50,128.20
价税合计（大写）	叁拾肆万伍仟元整				（小写）		345,000.00

销售方	名 称：北京海权经贸有限公司 纳税人识别号：110697896221630 地 址、电 话：北京市海淀区希望大厦A座 1637892 开户行及账号：中国建设银行北京市海淀分行 965633021	备注	

收款人：吕正 复核：张达 开票人：吕正 销售方：（章）

第三联：发票联 购买方记账凭证

北京海权经贸有限公司 110697896221630 发票专用章

入库单

产品名称：螺杆式空压机 2016 年 6 月 22 日 单号：5261065

名称	规格	单位	数量	单价	金额	备注
螺杆式空压机		台	10	29,487.18	294,871.79	
合计金额（大写）	贰拾玖万肆仟捌佰柒拾壹元柒角玖分 小写：294,871.79					

主管 会计 保管员 经手人 王力

记账凭证

本币：人民币　单位：元

2016 年　6　月　22 日

核算单位：[001]北京明基设备制造有限公司　　第0035号 - 0001/0001

摘　要	会　计　科　目	借方金额	贷方金额
购螺杆式空压机10台	原材料/外购件/螺杆式空压机	294,871.79	
购螺杆式空压机10台	应交税费/应交增值税/进项税额	50,128.21	
购螺杆式空压机10台 2016.06.22	应付账款　北京海权经贸有限公司		345,000.00
附单据数　2　张	合计　叁拾肆万伍仟元整	345,000.00	345,000.00

财务主管：　记账：　复核：　出纳：　制单：demo　经办人：

业务 36：购买招标书

2016 年 6 月 25 日，参加北京中才节能焦化有限公司招标，支付购买标书费用 1 500 元，经领导批准，采用银行电汇方式。

1100104140　　北京增值税专用发票　　*NO* 21020635　　1100104140　21020635

（印章：全国统一发票监制章 北京 国家税务总局监制）　发票联

开票日期：2016年6月25日

购买方	名　　称：北京明基设备制造有限公司 纳税人识别号：65896325LKJHGYUI56 地 址、电 话：北京市海淀区联想桥青云当代大厦4-1 36548963 开户行及账号：中国建设银行北京中山支行21201501200053025041	密码区	6877789*&^*(&%45*&^)(*&*(%(6^^#%#@#$@342vkh%43223216+5456132415?><$#@$#+128$+151#@$@$+177@+1103+1129#@Q$@#R#564816#r3w4165151@#553#$%#5+128&^#$&^3515618651*^%651651&$

货物或应税劳务、服务名称	规格型号	单位	数量	单价	金额	税率	税额
标书		本	1.00	1,282.05	1,282.05	17%	217.95
合　　计					¥1,282.05		¥217.95
价税合计（大写）	壹仟伍佰元整					（小写）	¥1,500.00

销售方	名　　称：北京中才节能焦化有限公司 纳税人识别号：110286896221630 地 址、电 话：北京市海淀区希望大厦C座 1637286 开户行及账号：中国建设银行北京市海淀分行 257633021	备注	（印章：北京中才节能焦化有限公司 110286896221630 发票专用章）

收款人：霍义　　复核：胡卓　　开票人：霍义　　销售方：（章）

第三联：发票联　购买方记账凭证

中国建设银行 China Construction Bank　　**电汇凭证**　　No25635894

币别：　　2016年 6月25日　　流水号：

汇款方式	☑普通　　☐加急		
汇款人 全称	北京明基设备制造有限公司	收款人 全称	大连瓦房店轴承有限公司
汇款人 账号	21201501200053025041	收款人 账号	257633021
汇出行名称	中国建设银行北京中山支行	汇入行名称	中国建设银行北京市海淀分行
金额	（大写）壹仟伍佰元整	亿千百十万千百十元角分	¥150000
		支付密码	
		附加信息及用途：	标书费
			客户签章

（印章：中国建设银行北京中山支行 2016.6.25 转账 转讫）

会计主管　　授权　　复核　　录入

第二联　客户回单

记账凭证

本币：人民币　单位：元

2016 年　6　月　25 日

核算单位：[001]北京明基设备制造有限公司　　　　第0036号 - 0001/0001

摘　要	会 计 科 目	借方金额	贷方金额
购买标书	销售费用/办公费	1,282.05	
购买标书	应交税费/应交增值税/进项税额	217.95	
购买标书	银行存款/建设银行		1,500.00
附单据数　2　张	合计　壹仟伍佰元整	1,500.00	1,500.00

财务主管：　　记账：　　复核：　　出纳：　　制单：demo　　经办人：

业务 37：报销市内交通费

2016 年 6 月 26 日，公司办公室刘文胜报销市内交通费 360 元。

记账凭证

本币：人民币 单位：元

2016 年 6 月 26 日

核算单位：[001]北京明基设备制造有限公司 第0037号 - 0001/0001

摘 要	会 计 科 目	借方金额	贷方金额
刘文胜报销市内交通费	管理费用/办公费	360.00	
刘文胜报销市内交通费	库存现金		360.00
附单据数 1 张	合计 叁佰陆拾元整	360.00	360.00

财务主管： 记账： 复核： 出纳： 制单：demo 经办人：

业务 38：支付欠款

2016 年 6 月 28 日，经领导批准，支付对西门子（北京）有限公司的欠款 560 000 元。

收款收据

2016 年 6月 28 日

今收到　北京明基设备制造公司支付的设备款560000元

金额（大写）伍拾陆万元整

￥560,000.00　　　　单位名称（财务专用章）

核准　　会计　　记账　　出纳　　经手人

（印章：西门子（北京）有限公司 财务专用章；李东明印）

中国建设银行
转账支票存根
256853596
10638656

附加信息

出票日期 2016年 6月28 日

收款人：西门子（北京）有限公司

金额：560,000.00

用途：设备购置款

单位主管　　会计

中国建设银行 China Construction Bank　**转账支票**　256853596 10638656

出票日期（大写）贰零壹陆　年　零陆　月　贰拾捌　日　付款行名称：中国建设银行北京中山支行

收款人：西门子（北京）有限公司　　出票人账号：21201501200053025041

付款期限自出票之日十天

人民币（大写）	伍拾陆万元整	亿	千	百	十	万	千	百	十	元	角	分
				￥	5	6	0	0	0	0	0	0

用途：设备购置款　　密码：

行号：

上列款项请从
我账户内支付
出票人签章　　复核：　　记账：

（印章：北京明基设备制造有限公司 财务专用章；王珊印）

记账凭证

本币：人民币 单位：元

2016年 6 月 28日

核算单位：[001]北京明基设备制造有限公司 第0038号 - 0001/0001

摘 要	会 计 科 目	借方金额	贷方金额
付西门子公司货款 2016.06.28	应付账款 西门子（北京）有限公司	560,000.00	
付西门子公司货款	银行存款/建设银行		560,000.00
附单据数 2 张	合计 伍拾陆万元整	560,000.00	560,000.00

财务主管: 记账: 复核: 出纳: 制单: demo 经办人:

业务 39：采购轴箱体

2016 年 6 月 30 日，从辽宁省机械制造有限公司采购轴箱体 20 套，单价 2 000 元，总金额 40 000 元。收到辽宁省机械制造有限公司邮寄的增值税专用发票，货物未到。

4100107536　　**大连增值税专用发票**　　NO 21025876　4100107536　NO 21025876

开票日期：2016年6月30日

购买方	名　　称：北京明基设备制造有限公司 纳税人识别号：65896325LKJHGYUI56 地 址、电 话：北京市海淀区联想桥青云当代大厦4-1 36548963 开户行及账号：中国建设银行北京中山支行21201501200053025041	密码区	6877789*&^*(&%45*&^)(*&*(%(6^^#%#@#$@342vkh%43223216+5456132415?><$#@$#+128$+151#@$@$+177@+1103+1129#@Q$@#R#564816#r3w4165151@#553#$%#5+128&^#$&^3515618651*^%651651&$

货物或应税劳务、服务名称	规格型号	单位	数量	单价	金额	税率	税额
轴箱体		套	20.00	1,709.40	34,188.03	17%	5,811.97
合　计					¥ 34,188.03		¥5,811.97
价税合计（大写）	肆万元整						40,000.00

销售方	名　　称：辽宁省机械制造有限公司 纳税人识别号：210351896221630 地 址、电 话：大连市甘井子区创业园区A座　8367286 开户行及账号：中国建设银行大连市甘井子分行 397153021	备注	辽宁省机械制造有限公司 210351896221630 发票专用章

收款人：林子薇　　复核：王卓　　开票人：林子薇　　销售方：（章）

第三联：发票联 购买方记账凭证

记账凭证

本币：人民币　单位：元

2016 年 6 月 30 日

核算单位：[001]北京明基设备制造有限公司　　第0039号 - 0001/0001

摘　要	会 计 科 目	借方金额	贷方金额
购轴箱体20套	在途物资/外购件/轴箱体	34,188.03	
购轴箱体20套	应交税费/应交增值税/进项税额	5,811.97	
购轴箱体20套 2016.06.30	应付账款　辽宁省机械制造有限公司		40,000.00
附单据数　1　张	合计　肆万元整	40,000.00	40,000.00

财务主管：　　记账：　　复核：　　出纳：　　制单：demo　　经办人：

业务 40：采购减震弹簧

2016 年 6 月 30 日，从江苏金亿工业弹簧厂采购减震弹簧 20 套，单价 350 元，总金额 7 000 元。减震弹簧到货，验收合格，办理入库，增值税专用发票未收到。

入库单

产品名称：减震弹簧　　2016 年 6 月30 日　　单号：5261065

名称	规格	单位	数量	单价	金额	备注
减震弹簧		套	20	299.15	5,982.91	
合 计 金 额（大写）	贰拾玖万肆仟八佰柒拾壹元柒角玖分　小写：5,982.91					

主管　　会计　　保管员　　经手人　王力

记账凭证

本币：人民币　单位：元

2016年　6　月 30 日

核算单位：[001]北京明基设备制造有限公司　　第0040号 - 0001/0001

摘　要	会　计　科　目	借方金额	贷方金额
购减震弹簧20套，验收入库，发票未到。	原材料/外购件/减震弹簧	5,982.91	
购减震弹簧20套，验收入库，发票未到。2016.06.30	应付账款　江苏金亿工业弹簧厂（暂估）		5,982.91
附单据数　1　张	合计　伍仟玖佰捌拾贰元玖角壹分	5,982.91	5,982.91

财务主管：　记账：　复核：　出纳：　制单：周磊　经办人：

业务 41：支付电费

2016 年 6 月 30 日，本月工厂用电量 60 108.94 千瓦时，金额 35 867 元。经领导批准，支付电费 35 867 元。

1100104140　　北京增值税专用发票　　NO 59625638　1100104140 NO 59625638

发票联

开票日期：2016年6月30日

购买方	名　　称：北京明基设备制造有限公司 纳税人识别号：65896325LKJHGYUI56 地 址、电 话：北京市海淀区联想桥青云当代大厦4-1 36548963 开户行及账号：中国建设银行北京中山支行21201501200053025041	密码区	6877789*&^*(&%45*&^)(*&*(%(6^^#%#@#$@342vkh%43223216+5456132415?><$#@$#+128$+151#@$@$+177@+1103+1129#@Q$@#R#564816#r3w4165151@#553#$%#5+128&^#$&^3515618651*^%651651&$

货物或应税劳务、服务名称	规格型号	单位	数量	单价	金额	税率	税额
电费		千瓦	60108.94	0.51	30,655.56	17%	5,211.45
合　　计					¥ 30,655.56		¥5,211.45
价税合计（大写）	叁万伍仟捌佰陆拾柒元整					（小写）	35,867.00

销售方	名　　称：北京电业局海淀分局 纳税人识别号：110351896289652 地 址、电 话：北京市海淀区胜利路50号 8667286 开户行及账号：中国建设银行北京市海淀分行 963153021	备注	北京电业局海淀分局 110351896289652 发票专用章

收款人：李宗旭　　复核：李哲　　开票人：李宗旭　　销售方：（章）

第三联：发票联 购买方记账凭证

中国建设银行
转账支票存根
256853582
10638639

附加信息

出票日期 2016年6月30日

收款人：北京电业局海淀分局

金额：35,867.00

用途：电费

单位主管　　会计

中国建设银行 China Construction Bank　　转账支票　　256853582 10638639

出票日期（大写）贰零壹陆 年 零陆 月 叁拾 日　付款行名称：中国建设银行北京中山支行

收款人：北京电业局海淀分局　　出票人账号：21201501200053025041

付款期限自出票之日十天

人民币（大写）	亿	千	百	十	万	千	百	十	元	角	分
叁万伍仟捌佰陆拾柒元整				¥	3	5	8	6	7	0	0

用途：电费　　密码：

行号：

下列款项请从
我账户内支付
出票人签章　北京明基设备制造有限公司 财务专用章　　珊王印　　复核：　　记账：

记账凭证

本币：人民币　单位：元

2016 年 6 月 30 日

核算单位：[001]北京明基设备制造有限公司　　第0041号 - 0001/0001

摘　　要	会　计　科　目	借方金额	贷方金额
支付工厂用电费	制造费用/电费	30,655.56	
支付工厂用电费	应交税费/应交增值税/进项税额	5,211.44	
支付工厂用电费	银行存款/建设银行		35,867.00
附单据数　2　张	合计　叁万伍仟捌佰陆拾柒元整	35,867.00	35,867.00

财务主管:　记账:　复核:　出纳:　制单: demo　经办人:

业务 42：家具到货

2016 年 6 月 30 日，从深圳长城家具有限公司购买的家具到货。

深圳增值税专用发票

4100107536　　发票联　　NO 21020766　　4100107536　NO 21020766

开票日期：2016年6月30日

购买方	名　　称：北京明基设备制造有限公司 纳税人识别号：65896325LKJHGYUI56 地 址、电 话：北京市海淀区联想桥青云当代大厦4-1 36548963 开户行及账号：中国建设银行北京中山支行21201501200053025041	密码区	6877789*&^*(&%45*&^)(*&*(%(6^^#%#@#$@342vkh%43223216+5456132415?><$#@$#+128$+151#@$@$+177@+1103+1129#@Q$@#R#564816#r3w4165151@#553#$%#5+128&^#$&^3515618651*^%651651&$

货物或应税劳务、服务名称	规格型号	单位	数量	单价	金额	税率	税额
办公家具		件	1.00	33,769.23	33,769.23	17%	5,740.77
合　计					¥ 33,769.23		¥5,740.77
价税合计（大写）	叁万玖仟伍佰壹拾元整				（小写）		¥ 39,510.00

销售方	名　　称：深圳长城家具有限公司 纳税人识别号：669697896221630 地 址、电 话：深圳市希望大厦C座 6687892 开户行及账号：平安银行深圳梅龙支行 0502100032425	备注	深圳长城家具有限公司 669697896221630 发票专用章

收款人：吕义东　　复核：张达　　开票人：吕义东　　销售方：（章）

第三联：发票联 购买方记账凭证

固定资产卡片

卡片编号　0042　　　　日期　2016- 6- 30

固定资产编号	0042	固定资产名称	家具		
类别编号	01	类别名称	家具		
规格型号	4866	部门名称	办公室		
增加方式	直接购入	存放地点	办公室		
使用状况	在用	使用年限	3年	折旧方法	直线
总作总量		累计工作量		工作量单位	
启用日期	2016.6.30	已提月份		币种	
原值	33769.23	净残值率	5%	净残值	1688.46
累计折旧		月折旧率		月折旧额	891.13
净值		对应折旧科目	管理费用	项目	

录入人　张生　　　　录入日期　2016.6.30

记账凭证

本币：人民币 单位：元

2016 年 6 月 30 日

核算单位：[001]北京明基设备制造有限公司 第0042号 - 0001/0001

摘 要	会 计 科 目	借方金额	贷方金额
购买办公家具到货入库	固定资产/办公家具	33,769.23	
购买办公家具到货入库	应交税费/应交增值税/进项税额	5,740.77	
购买办公家具到货入库 2016.06.30	预付账款 深圳长城家具有限公司		39,510.00
附单据数 2 张	合计 叁万玖仟伍佰壹拾元整	39,510.00	39,510.00

财务主管： 记账： 复核： 出纳： 制单：demo 经办人：

业务 43：发生劳务费

2016 年 6 月 30 日，安装数控龙门铣床，发生劳务费 20 000 元。

1100104140　北京增值税普通发票　NO 11025653　1100104140 11025653

发票联

开票日期：2016年6月30日

购买方	名　　称：北京明基设备制造有限公司 纳税人识别号： 地 址、电 话： 开户行及账号：			密码区	6877789*&^*(&%45*&^)(*&*(%(6^^#%#@#$@342vkh%432232 16+5456132415?><$#@$#+I28$+I51#@$@$+I77@+I103+I129 #@Q$@#R#564816#r3w4165151@#553#$%#5+I28&^#$&^35156 18651*^%651651&$		
货物或应税劳务名称	规格型号	单位	数量	单价	金额	税率	税额
劳务费		次	1.00	18,018.02	18,018.02	11%	1,981.98
合　　计					¥18,018.02		1,981.98
价税合计（大写）	贰万元整				（小写）¥20,000.00		
销售方	名　　称：北京新顺钢材有限公司 纳税人识别号：110351896221630 地 址、电 话：北京市海淀区工业大厦A座 1897296 开户行及账号：中国建设银行北京海淀分行 110153587			备注			

收款人：林峰　　复核：王东　　开票人：林峰　　销货单位：（章）

第三联：发票联　购买方记账凭证

中国建设银行
转账支票存根
256853569
10638656

附加信息

出票日期 2016年 6月30 日

收款人：北京新顺钢材有限公司

金额：20,000.00

用途：劳务费

单位主管　　会计

中国建设银行 China Construction Bank　**转账支票**　256853569 10638656

出票日期（大写）贰零壹陆 年 零陆 月 叁拾 日　付款行名称：中国建设银行北京中山支行

收款人：北京新顺钢材有限公司　出票人账号：21201501200053025041

人民币（大写）	亿	千	百	十	万	千	百	十	元	角	分
贰万元整				¥	2	0	0	0	0	0	0

付款期限自出票之日十天

用途：劳务费　　密码：

行号：

上列款项请从
我账户内支付
出票人签章　　复核：　　记账：

记账凭证

本币：人民币　单位：元

2016 年 6 月 30 日

核算单位：[001]北京明基设备制造有限公司　　　第0043号 - 0001/0001

摘　要	会 计 科 目	借方金额	贷方金额
支付安装数控龙门铣床劳务费	在建工程/数控龙门铣床	20,000.00	
支付安装数控龙门铣床劳务费	银行存款/建设银行		20,000.00
附单据数　1　张	合计 贰万元整	20,000.00	20,000.00

财务主管：　　记账：　　复核：　　出纳：　　制单：demo　　经办人：

业务 44：数控龙门铣床安装完毕

2016 年 6 月 30 日，数控龙门铣床安装完毕，达到预定可使用状态。

固定资产卡片

卡片编号 0006　　　　日期 2016-6-30

固定资产编号	0006	固定资产名称	数控龙门铣床		
类别编号	09	类别名称	设备		
规格型号	0305	部门名称	工程部部		
增加方式	直接购入	存放地点	仓库		
使用状况	在用	使用年限	3年	折旧方法	直线
总作总量		累计工作量		工作量单位	
启用日期	2016.6.30	已提月份		币种	
原值	2626837.6	净残值率	5%	净残值	131341.88
累计折旧		月折旧率		月折旧额	69319.33
净值		对应折旧科目	管理费用	项目	

录入人 张生　　　　录入日期 2016.6.30

固定资产完工验收单

2016年 6 月 30 日

固定资产编号0006		资产来源	购入		
设备名称	数控龙门铣床	型号		附件	
制造厂商	北京新顺钢材有限公司	出厂年月		出厂编号	
附属设备		技术文件			
使用年限	设备原值	残值	净值	年折旧	月折旧
3年	2,626,837.60	131,341.88	2,495,495.72	831,831.91	69319.33
验收结论	合格				
资产管理部门主管领导	资产管理部门	财务部门	使用部门		
	印 杨数	印 杨林			
备注：					

说明：1、资产管理部门分别是：生产设备管理部门和办公设备管理部门

2、此表由资产管理部门填写，经财务部门、资产使用部门和资产管理部门主管领导签字后，交财务部门保管。

记账凭证

本币：人民币　单位：元

2016年　6　月　30日

核算单位：[001]北京明基设备制造有限公司　　　　　　　　第0044号 - 0001/0001

摘　　要	会　计　科　目	借方金额	贷方金额
数控龙门铣床达到预定可使用状态	固定资产/机械设备	2,626,837.60	
数控龙门铣床达到预定可使用状态	在建工程/数控龙门铣床		2,626,837.60
附单据数　1　张	合计　贰佰陆拾贰万陆仟捌佰叁拾柒元陆角零分	2,626,837.60	2,626,837.60

财务主管：　　记账：　　复核：　　出纳：　　制单：demo　　经办人：

业务 45：生产领用钢材

2016 年 6 月 30 日，生产电机车领用材料，钢材 465 吨，金额 1 391 025. 64 元。

出库单

产品名称：钢材　　2016年6月30日　　单号：4343501

名称	规格	单位	数量	单价	金额	备注
钢材		吨	465	2,991.45	1,391,025.64	
合计金额（大写）	壹佰叁拾玖万壹仟零贰拾伍元陆角肆分　小写：1,391,025.64					

记账凭证

本币：人民币　单位：元

2016年 6 月 30 日

核算单位：[001]北京明基设备制造有限公司　　第0045号 - 0001/0001

摘　　要	会　计　科　目	借方金额	贷方金额
生产领用钢材465吨（电机车）	生产成本/电机车/直接材料	1,391,025.64	
生产领用钢材465吨（电机车）	原材料/钢材		1,391,025.64
附单据数　1　张	合计　壹佰叁拾玖万壹仟零贰拾伍元陆角肆分	1,391,025.64	1,391,025.64

财务主管：　　记账：　　复核：　　出纳：　　制单：demo　　经办人：

业务 46：生产领用减速机

2016 年 6 月 30 日，生产电机车领用材料，减速机 10 台，金额 555 555.56 元。

出库单

产品名称：电机车　　2016年6月30日　　单号：4343502

名称	规格	单位	数量	单价	金额	备注
减速机		台	10	55,555.56	555,555.56	
合计金额（大写）	伍拾伍万伍仟伍佰伍拾伍元伍角陆分		小写：	555,555.56		

主管　　会计　　保管员　　经手人　王力

记账凭证

本币：人民币　单位：元

2016 年　6　月　30 日

核算单位：[001]北京明基设备制造有限公司　　第0046号 － 0001/0001

摘　要	会　计　科　目	借方金额	贷方金额
生产领用减速机10台（电机车）	生产成本/电机车/直接材料	555,555.56	
生产领用减速机10台（电机车）	原材料/外购件/减速机		555,555.56
附单据数　1　张	合计　伍拾伍万伍仟伍佰伍拾伍元伍角陆分	555,555.56	555,555.56

财务主管：　记账：　复核：　出纳：　制单：demo　经办人：

业务 47：采购电机车用 PLC 变频器

2016 年 6 月 30 日，从西门子（北京）有限公司采购电机车用 PLC 变频器 10 台，单价 56 000 元，总金额 560 000 元。PLC 变频器到货，验收合格，办理入库。

1100104140　　北京增值税专用发票　　NO 59625899

1100104140
NO 59625899

开票日期：2016年6月30日

购买方
名　　称：北京明基设备制造有限公司
纳税人识别号：65896325LKJHGYUI56
地 址、电 话：北京市海淀区联想桥青云当代大厦4-1 36548963
开户行及账号：中国建设银行北京中山支行21201501200053025041

密码区
6877789*&^*(&%45*&^)(*&*(%(6^^#%#@#$@342vkh%43223216+5
456132415?><$#@$#+128$+151#@$@$+177@+1103+1129#@Q$@#R#
564816#r3w4165151@#553#$%#5+128&^#$&^3515618651*^%6516
51&$

货物或应税劳务、服务名称	规格型号	单位	数量	单价	金额	税率	税额
PLC 变频器		台	10.00	47,863.25	478,632.48	17%	81,367.52
合　　计					¥ 478,632.48		¥81,367.52
价税合计（大写）	伍拾陆万元整				（小写）		¥ 560,000.00

销售方
名　　称：西门子（北京）有限公司
纳税人识别号：110351896221662
地 址、电 话：北京市海淀区创业园区B座 8397286
开户行及账号：中国建设银行北京市海淀分行 985153021

备注

第三联：发票联　购买方记账凭证

收款人：林佳　　复核：王瑞　　开票人：林佳　　销售方：（章）

入库单

产品名称：PLC 变频器　　2016 年 6 月 30 日　　单号：5261066

名称	规格	单位	数量	单价	金额	备注
PLC 变频器		台	10	47,863.25	478,632.48	
合 计 金 额（大写）	肆拾柒万捌仟陆佰叁拾贰元肆角捌分　小写：478,632.48					

主管　　会计　　保管员　　经手人　王力

记账凭证

本币：人民币　单位：元

2016 年 6 月 30 日

核算单位：[001]北京明基设备制造有限公司　　　第0047号 - 0001/0001

摘　要	会 计 科 目	借方金额	贷方金额
采购PLC变频器10台	原材料/外购件/PLC变频器	478,632.48	
采购PLC变频器10台	应交税费/应交增值税/进项税额	81,367.52	
采购PLC变频器10台 2016.06.30	应付账款　西门子（北京）有限公司		560,000.00
附单据数　3　张	合计 伍拾陆万元整	560,000.00	560,000.00

财务主管：　记账：　复核：　出纳：　制单：demo　经办人：

业务 48：采购 ATV 变频器

2016 年 6 月 30 日，从施耐德（北京）有限公司采购 ATV 变频器 10 台，单价 48 000 元，总金额 480 000 元。ATV 变频器到货，验收合格，办理入库。经领导批准，银行电汇支付货款 480 000 元。

1100104140　北京增值税专用发票　NO 59625800　1100104140 NO 59625800

发票联

开票日期：2016年6月30日

购买方　名　称：北京明基设备制造有限公司
纳税人识别号：65896325LKJHGYUI56
地 址、电 话：北京市海淀区联想桥青云当代大厦4-1 36548963
开户行及账号：中国建设银行北京中山支行21201501200053025041

密码区　6877789*&^*(&%45*&^)(*&*(%(6^^#%#@#$@342vkh%43223216+5456132415?><$#@$#+128$+151#@$@$+177@+1103+1129#@Q$@#R#564816#r3w4165151@#553#$%#5+128&^#$&^3515618651*^%651651&$

货物或应税劳务、服务名称	规格型号	单位	数量	单价	金额	税率	税额
ATV变频器		台	10.00	41,025.64	410,256.41	17%	69,743.59
合计					¥ 410,256.41		¥69,743.59
价税合计（大写）	肆拾捌万元整				（小写）	¥	480,000.00

销售方　名　称：施耐德（北京）有限公司
纳税人识别号：110351896220889
地 址、电 话：北京市海淀区创业园区C座 8867286
开户行及账号：中国建设银行北京市海淀分行 692153021

备注

收款人：修凯　复核：崔海　开票人：修凯　销售方：（章）

第三联：发票联 购买方记账凭证

入库单

产品名称：ATV变频器　2016 年 6 月 30 日　单号：5261068

名称	规格	单位	数量	单价	金额	备注
ATV变频器		台	10	41,025.64	410,256.41	
合计金额（大写）	肆拾壹万零贰佰伍拾陆元肆角壹分　小写：410,256.41					

主管　会计　保管员　经手人　王力

中国建设银行 China Construction Bank

电汇凭证　　No25635894

币别：　　2016年 6月30日　　流水号：

汇款方式	普通 ☑ 加急 ☐					
汇款人	全称	北京明基设备制造有限公司	收款人	全称	施耐德（北京）有限公司	
	账号	21201501200053025041		账号	692153021	
	汇出行名称	中国建设银行北京中山支行		汇入行名称	中国建设银行北京市海淀分行	
金额	（大写）肆拾捌万元整				亿千百十万千百十元角分 ¥48000000	
			支付密码			
			附加信息及用途：设备购置款			
					客户签章	

第二联 客户回单

中国建设银行北京中山支行 2016.6.30 转帐 转讫

会计主管　　授权　　复核　　录入

记账凭证

本币：人民币　单位：元

2016 年 6 月 30 日

核算单位：[001]北京明基设备制造有限公司　　第0048号 - 0001/0001

摘　要	会 计 科 目	借方金额	贷方金额
采购ATV变频器10台	原材料/外购件/ATV变频器	410,256.41	
采购ATV变频器10台	应交税费/应交增值税/进项税额	69,743.59	
采购ATV变频器10台	银行存款/建设银行		480,000.00
附单据数　3　张	合计　肆拾捌万元整	480,000.00	480,000.00

财务主管：　记账：　复核：　出纳：　制单：demo　经办人：

业务 49：采购工业空调

2016 年 6 月 30 日，从广州冰凌制冷设备有限公司采购工业空调 5 套，单价 27 000 元，共计 135 000 元。空调到货，验收合格，办理入库。

5396104825　广东增值税专用发票　№ 36321852　5396104825　NO 36321852

发票联

开票日期：2016年6月30日

购买方	名　　称：北京明基设备制造有限公司 纳税人识别号：65896325LKJHGYUI56 地 址、电 话：北京市海淀区联想桥青云当代大厦4-1 36548963 开户行及账号：中国建设银行北京中山支行21201501200053025041	密码区	6877789*&^*(&%45*&^)(*&*(%(6^^#%#@#$@342vkh%43223216+5456132415?><$#@$#+128$+151#@$@$+177@+1103+1129#@Q$@#R#564816#r3w4165151@#553#$%#5+128&^#$&^3515618651*^%651651&$

货物或应税劳务、服务名称	规格型号	单位	数量	单价	金额	税率	税额
工业空调		个	5.00	23,076.92	115,384.62	17%	19,615.38
合　计					¥ 115,384.62		¥19,615.38
价税合计（大写）	壹拾叁万伍仟元整					（小写）¥	135,000.00

销售方	名　　称：广州冰凌制冷设备有限公司 纳税人识别号：521578963254784 地 址、电 话：广州市天河区珠江新城华夏路1座 52669875 开户行及账号：中国建设银行广州天河支行 96554258	备注	广州冰凌制冷设备有限公司 521578963254784 发票专用章

收款人：王发　　复核：刘新　　开票人：王发　　销售方：（章）

第三联：发票联 购买方记账凭证

入库单

产品名称：工业空调　　2016 年 6 月 30 日　　单号：5261129

名称	规格	单位	数量	单价	金额	备注
工业空调		台	5	23,076.92	115,384.62	
合计金额（大写）	壹拾壹万伍仟叁佰捌拾肆元陆角贰分　小写：115,384.62					

主管　　会计　　保管员　　经手人　王力

记账凭证

本币：人民币　单位：元

2016年　6　月　30日

核算单位：[001]北京明基设备制造有限公司　　　　第0049号 - 0001/0001

摘　　要	会　计　科　目	借方金额	贷方金额
采购工业空调5套	原材料/外购件/工业空调	115,384.62	
采购工业空调5套	应交税费/应交增值税/进项税额	19,615.38	
采购工业空调5套 2016.06.30	应付账款　广州冰凌制冷设备有限公司		135,000.00
附单据数　3　张	合计　壹拾叁万伍仟元整	135,000.00	135,000.00

财务主管：　　记账：　　复核：　　出纳：　　制单：demo　　经办人：

业务 50：生产领用电机

2016 年 6 月 30 日，生产电机车领用原材料，电机 20 台，金额 264 957.26 元。

出库单

产品名称：电机车　　　　2016年6月30日　　　　单号：4343501

名称	规格	单位	数量	单价	金额	备注
电机		台	20	13,247.86	264,957.26	
合计金额（大写）	贰拾陆万肆仟玖佰伍拾柒元贰角陆分				小写：264,957.26	

主管　　会计　　保管员　　经手人　王力

记账凭证

本币：人民币　单位：元

2016 年 6 月 30 日

核算单位：[001]北京明基设备制造有限公司　　　　第0050号 - 0001/0001

摘　要	会　计　科　目	借方金额	贷方金额
生产领用电机20台	生产成本/电机车/直接材料	264,957.26	
生产领用电机20台	原材料/外购件/电机		264,957.26
附单据数　1　张	合计　贰拾陆万肆仟玖佰伍拾柒元贰角陆分	264,957.26	264,957.26

财务主管：　记账：　复核：　出纳：　制单：demo　经办人：

业务 51：生产领用悬挂装置

2016 年 6 月 30 日，生产电机车领用原材料，悬挂装置 20 套，金额 32 478.63 元。

出库单

产品名称：电机车　　2016年6月30日　　单号：4343502

名称	规格	单位	数量	单价	金额	备注
悬挂装置		套	20	1,623.93	32,478.63	
合计金额（大写）	叁万贰仟肆佰柒拾捌元陆角叁分				小写：	32,478.63

主管　　会计　　保管员　　经手人　王力

记账凭证

本币：人民币　单位：元

2016 年 6 月 30 日

核算单位：[001]北京明基设备制造有限公司　　第0051号 - 0001/0001

摘　要	会计科目	借方金额	贷方金额
生产领用悬挂装置20套（电机车）	生产成本/电机车/直接材料	32,478.63	
生产领用悬挂装置20套（电机车）	原材料/外购件/悬挂装置		32,478.63
附单据数　1　张	合计　叁万贰仟肆佰柒拾捌元陆角叁分	32,478.63	32,478.63

财务主管：　记账：　复核：　出纳：　制单：demo　经办人：

业务 52：生产领用脚踏式液压制动器

2016 年 6 月 30 日，生产电机车领用原材料，脚踏式液压制动器 10 套，金额 330 000 元。

出库单

产品名称：电机车 2016年6月30日 单号：4343503

名称	规格	单位	数量	单价	金额	备注
制动器		套	10	33,000.00	330,000.00	
合计金额（大写）		叁拾叁万元			小写：330,000.00	

主管 会计 保管员 经手人 王力

记账凭证

本币：人民币 单位：元

2016 年 6 月 30 日

核算单位：[001]北京明基设备制造有限公司 第0052号 － 0001/0001

摘 要	会 计 科 目	借方金额	贷方金额
生产领用液压制动器10套（电机车）	生产成本/电机车/直接材料	330,000.00	
生产领用液压制动器10套（电机车）	原材料/外购件/制动器		330,000.00
附单据数 1 张	合计 叁拾叁万元整	330,000.00	330,000.00

财务主管: 记账: 复核: 出纳: 制单: demo 经办人:

业务 53：生产领用触摸屏

2016 年 6 月 30 日，生产电机车领用原材料，触摸屏 5 套，金额 127 777.78 元。

出库单

产品名称：电机车　　2016年6月30日　　单号：4343504

名称	规格	单位	数量	单价	金额	备注
触摸屏		套	5	25,555.56	127,777.78	
合计金额（大写）	壹拾贰万柒仟柒佰柒拾柒元柒角捌分			小写：	127,777.78	

主管　　会计　　保管员　　经手人　王力

记账凭证

本币：人民币　单位：元

2016 年 6 月 30 日

核算单位：[001]北京明基设备制造有限公司　　第0053号 - 0001/0001

摘　要	会 计 科 目	借方金额	贷方金额
生产领用触摸屏5套（电机车）	生产成本/电机车/直接材料	127,777.78	
生产领用触摸屏5套（电机车）	原材料/外购件/触摸屏		127,777.78
附单据数　1　张	合计　壹拾贰万柒仟柒佰柒拾柒元柒角捌分	127,777.78	127,777.78

财务主管:　　记账:　　复核:　　出纳:　　制单: demo　　经办人:

业务 54：生产领用主令控制器

2016 年 6 月 30 日，生产电机车领用原材料，主令控制器 10 个，金额 7 264.96 元。

出库单

产品名称：电机车　　2016年6月30日　　单号：4343505

名称	规格	单位	数量	单价	金额	备注
控制器		个	10	726.50	7,264.96	
合计金额（大写）		柒仟贰佰陆拾肆元玖角陆分			小写：7,264.96	

主管　　会计　　保管员　　经手人　王力

记账凭证

本币：人民币　单位：元

2016 年　6　月　30 日

核算单位：[001]北京明基设备制造有限公司　　第0054号 - 0001/0001

摘　要	会　计　科　目	借方金额	贷方金额
生产领用主令控制器10个（电机车）	生产成本/电机车/直接材料	7,264.96	
生产领用主令控制器10个（电机车）	原材料/外购件/主令控制器		7,264.96
附单据数　1　张	合计　柒仟贰佰陆拾肆元玖角陆分	7,264.96	7,264.96

财务主管：　记账：　复核：　出纳：　制单：demo　经办人：

业务 55：生产领用电控柜

2016 年 6 月 30 日，生产电机车领用原材料，电控柜 30 台，金额 48 717.94 元。

出库单

产品名称：电机车　　2016年6月30日　　单号：4343506

名称	规格	单位	数量	单价	金额	备注
电控柜		台	30	1,623.93	48,717.94	
合计金额（大写）	肆万捌仟柒佰壹拾柒元玖角肆分				小写：	48,717.94

主管　　会计　　保管员　　经手人　王力

记账凭证

本币：人民币　单位：元

2016 年 6 月 30 日

核算单位：[001]北京明基设备制造有限公司　　第0055号 - 0001/0001

摘　要	会 计 科 目	借方金额	贷方金额
生产领用电控柜30台（电机车）	生产成本/电机车/直接材料	48,717.94	
生产领用电控柜30台（电机车）	原材料/外购件/电控柜		48,717.94
附单据数　1　张	合计　肆万捌仟柒佰壹拾柒元玖角肆分	48,717.94	48,717.94

财务主管：　记账：　复核：　出纳：　制单：demo　经办人：

业务 56：生产领用 UPS 电源

2016 年 6 月 30 日，生产电机车领用原材料，UPS 电源 10 台，金额 24 786.32 元。

出库单

产品名称：电机车　　2016年6月30日　　单号：4343507

名称	规格	单位	数量	单价	金额	备注
UPS电源		台	10	2,478.63	24,786.32	
合计金额（大写）	贰万肆仟柒佰捌拾陆元叁角贰分				小写：24,786.32	

主管　　会计　　保管员　　经手人　王力

记账凭证

本币：人民币　单位：元

2016 年 6 月 30 日

核算单位：[001]北京明基设备制造有限公司　　第0056号 － 0001/0001

摘　要	会 计 科 目	借方金额	贷方金额
生产领用UPS电源10台（电机车）	生产成本/电机车/直接材料	24,786.32	
生产领用UPS电源10台（电机车）	原材料/外购件/UPS电源		24,786.32
附单据数　1　张	合计　贰万肆仟柒佰捌拾陆元叁角贰分	24,786.32	24,786.32

财务主管：　记账：　复核：　出纳：　制单：demo　经办人：

业务57：生产领用储气罐

2016年6月30日，生产电机车领用原材料，储气罐10台，金额32 478.63元。

出库单

产品名称：电机车　　2016年6月30日　　单号：4343508

名称	规格	单位	数量	单价	金额	备注
储气罐		台	10	3,247.86	32,478.63	
合计金额（大写）	叁万贰仟肆佰柒拾捌元陆角叁分			小写：	32,478.63	

主管　　会计　　保管员　　经手人　王力

记账凭证

本币：人民币　单位：元

2016年 6 月 30日

核算单位：[001]北京明基设备制造有限公司　　第0057号 – 0001/0001

摘　要	会 计 科 目	借方金额	贷方金额
生产领用储气罐10台（电机车）	生产成本/电机车/直接材料	32,478.63	
生产领用储气罐10台（电机车）	原材料/外购件/储气罐		32,478.63
附单据数 1 张	合计 叁万贰仟肆佰柒拾捌元陆角叁分	32,478.63	32,478.63

财务主管：　记账：　复核：　出纳：　制单：demo　经办人：

业务 58：生产领用电磁铁

2016 年 6 月 30 日，生产电机车领用原材料，电磁铁 40 个，金额 18 803. 42 元。

出库单

产品名称：电机车　　2016年6月30日　　单号：4343509

名称	规格	单位	数量	单价	金额	备注
电磁铁		个	40	470. 09	18, 803. 42	
合计金额（大写）	壹万捌仟捌佰零叁元肆角贰分				小写：18, 803. 42	

主管　　会计　　保管员　　经手人　王力

记账凭证

本币：人民币　单位：元

2016 年 6 月 30 日

核算单位：[001]北京明基设备制造有限公司　　第0058号 - 0001/0001

摘　　要	会　计　科　目	借方金额	贷方金额
生产领用电磁铁40个（电机车）	生产成本/电机车/直接材料	18, 803. 42	
生产领用电磁铁40个（电机车）	原材料/外购件/电磁铁		18, 803. 42
附单据数　1　张	合计 壹万捌仟捌佰零叁元肆角贰分	18, 803. 42	18, 803. 42

财务主管:　　记账:　　复核:　　出纳:　　制单: demo　　经办人:

业务 59：生产领用低压元器件

2016 年 6 月 30 日，生产电机车领用原材料，低压元器件 5 套，金额 64 957.26 元。

出库单

产品名称：电机车　　2016年6月30日　　单号：4343510

名称	规格	单位	数量	单价	金额	备注
低压元器件		套	5	12,991.45	64,957.26	
合计金额（大写）	陆万肆仟玖佰伍拾柒元贰角陆分				小写：	64,957.26

主管　　会计　　保管员　　经手人　王力

记账凭证

本币：人民币　单位：元

2016 年　6　月 30 日

核算单位：[001]北京明基设备制造有限公司　　第0059号 - 0001/0001

摘　　要	会　计　科　目	借方金额	贷方金额
生产领用低压元器件5套（电机车）	生产成本/电机车/直接材料	64,957.26	
生产领用低压元器件5套（电机车）	原材料/外购件/低压元器件		64,957.26
附单据数　1　张	合计　陆万肆仟玖佰伍拾柒元贰角陆分	64,957.26	64,957.26

财务主管：　记账：　复核：　出纳：　制单：demo　经办人：

业务 60：生产领用液压缓冲器

2016 年 6 月 30 日，生产电机车领用原材料，液压缓冲器 10 件，金额 10 598.29 元。

出库单

产品名称：电机车　　2016年6月30日　　单号：4343511

名称	规格	单位	数量	单价	金额	备注
液压缓冲器		件	10	1,059.83	10,598.29	
合计金额（大写）	壹万零伍佰玖拾捌元贰角玖分				小写：10,598.29	

主管　　会计　　保管员　　经手人　王力

记账凭证

本币：人民币　单位：元

2016 年 6 月 30 日

核算单位：[001]北京明基设备制造有限公司　　第0060号 - 0001/0001

摘　要	会 计 科 目	借方金额	贷方金额
生产领用液压缓冲器10件（电机车）	生产成本/电机车/直接材料	10,598.29	
生产领用液压缓冲器10件（电机车）	原材料/外购件/液压缓冲器		10,598.29
附单据数　1　张	合计　壹万零伍佰玖拾捌元贰角玖分	10,598.29	10,598.29

财务主管：　记账：　复核：　出纳：　制单：demo　经办人：

业务 61：生产领用轴承

2016 年 6 月 30 日，生产电机车领用原材料，轴承 20 套，金额 15 384.62 元。

出库单

产品名称：电机车　　2016年6月30日　　单号：4343512

名称	规格	单位	数量	单价	金额	备注
轴承		套	20	769.23	15,384.62	
合计金额（大写）	壹万伍仟叁佰捌拾肆元陆角贰分				小写：15,384.62	

主管　　会计　　保管员　　经手人　王力

记账凭证

本币：人民币　单位：元

2016 年 6 月 30 日

核算单位：[001]北京明基设备制造有限公司　　第0061号 - 0001/0001

摘　要	会 计 科 目	借方金额	贷方金额
生产领用轴承20套（电机车）	生产成本/电机车/直接材料	15,384.62	
生产领用轴承20套（电机车）	原材料/外购件/轴承		15,384.62
附单据数　1　张	合计　壹万伍仟叁佰捌拾肆元陆角贰分	15,384.62	15,384.62

财务主管：　记账：　复核：　出纳：　制单：demo　经办人：

业务 62：生产领用 PLC 变频器

2016 年 6 月 30 日，生产电机车领用原材料，PLC 变频器 10 台，金额 478 632.48 元。

出库单

产品名称：电机车　　2016年6月30日　　单号：4343513

名称	规格	单位	数量	单价	金额	备注
PLC变频器		台	10	47,863.25	478,632.48	
合计金额（大写）	肆拾柒万捌仟陆佰叁拾贰元肆角捌分			小写：	478,632.48	

主管　　会计　　保管员　　经手人　王力

记账凭证

本币：人民币　单位：元

2016 年 6 月 30 日

核算单位：[001]北京明基设备制造有限公司　　第0062号 － 0001/0001

摘　要	会 计 科 目	借方金额	贷方金额
生产领用PLC变频器10台（电机车）	生产成本/电机车/直接材料	478,632.48	
生产领用PLC变频器10台（电机车）	原材料/外购件/PLC变频器		478,632.48
附单据数　1　张	合计　肆拾柒万捌仟陆佰叁拾贰元肆角捌分	478,632.48	478,632.48

财务主管：　记账：　复核：　出纳：　制单：demo　经办人：

业务63：生产领用ATV变频器

2016年6月30日，生产电机车领用原材料，ATV变频器10台，金额410 256.41元。

出库单

产品名称：电机车　　2016年6月30日　　单号：4343513

名称	规格	单位	数量	单价	金额	备注
ATV变频器		台	10	41,025.64	410,256.41	
合计金额（大写）	肆拾壹万零贰佰伍拾陆元肆角壹分			小写：	410,256.41	

主管　　会计　　保管员　　经手人　王力

记账凭证

本币：人民币　单位：元

2016年　6　月　30 日

核算单位：[001]北京明基设备制造有限公司　　第0063号 － 0001/0001

摘　要	会计科目	借方金额	贷方金额
生产领用ATV变频器10台（电机车）	生产成本/电机车/直接材料	410,256.41	
生产领用ATV变频器10台（电机车）	原材料/外购件/ATV变频器		410,256.41
附单据数　1　张	合计　肆拾壹万零贰佰伍拾陆元肆角壹分	410,256.41	410,256.41

财务主管：　记账：　复核：　出纳：　制单：demo　经办人：

业务 64：生产领用工业空调

2016 年 6 月 30 日，生产电机车领用原材料，工业空调 5 套，金额 115 384.62 元。

出库单

产品名称：电机车　　　　2016年6月30日　　　　单号：4343514

名称	规格	单位	数量	单价	金额	备注
工业空调		套	5	23,076.92	115,384.62	
合计金额（大写）	壹拾壹万伍仟叁佰捌拾肆元陆角贰分				小写：	115,384.62

主管　　　　会计　　　　保管员　　　　经手人　王力

记账凭证

本币：人民币　单位：元

2016 年 6 月 30 日

核算单位：[001]北京明基设备制造有限公司　　　　第0064号 － 0001/0001

摘　要	会 计 科 目	借方金额	贷方金额
生产领用工业空调5套（电机车）	生产成本/电机车/直接材料	115,384.62	
生产领用工业空调5套（电机车）	原材料/外购件/工业空调		115,384.62
附单据数　　张	合计 壹拾壹万伍仟叁佰捌拾肆元陆角贰分	115,384.62	115,384.62

财务主管：　　记账：　　复核：　　出纳：　　制单：demo　　经办人：

业务 65：计提工资

2016 年 6 月 30 日，计提 6 月份工资。

6月份工资支付汇总表

单位：元

部门	序号	姓 名	基本工资	岗位工资	加班费	奖金	其他	应发工资	医疗基数	失业基数	养老单位	医疗单位	失业单位	工伤	生育	采暖	单位缴费合计	养老保险	医疗保险	失业保险	补充医保	社保扣款合计	个税	其他	扣款合计	实发金额	签字
办公室		小计	14,700.42	21,300.00	400.00	11,100.00	576.00	48,076.42	32,741.00	31,026.00	5,894.94	2,206.12	465.39	523.85	155.13	400.26	9,645.69	2,482.08	620.52	310.26	0.00	3,412.86	2,249.62	0.00	5,662.48	42,413.94	
经营部		小计	9,000.00	11,900.00	0.00	7,200.00	308.00	28,408.00	24,800.00	24,800.00	4,712.00	1,736.00	372.00	396.80	124.00	228.72	7,569.52	1,984.00	496.00	248.00	0.00	2,728.00	902.05	0.00	3,630.05	24,777.95	
生产部		小计	7,500.00	8,200.00	0.00	3,800.00	396.00	19,896.00	8,245.00	8,245.00	1,566.55	577.15	123.69	131.92	41.24	171.54	2,612.09	659.60	164.90	82.45	0.00	906.95	552.50	0.00	1,459.45	18,436.55	
工厂		小计	9,100.00	9,500.00	0.00	4,900.00	6,292.00	29,792.00	14,515.00	14,515.00	2,757.85	1,016.05	217.73	232.24	72.58	228.72	4,525.17	1,539.22	389.78	192.40	48.00	2,169.40	1,274.72	0.00	3,444.12	26,347.88	
		合计	40,300.42	50,900.00	400.00	27,000.00	7,572.00	126,172.42	80,301.00	78,586.00	14,931.34	5,535.32	1,178.81	1,284.81	392.95	1,029.24	24,352.47	6,664.90	1,671.20	833.11	48.00	9,217.21	4,978.89	0.00	14,196.10	111,976.32	

记账凭证

本币：人民币　单位：元

2016 年　6　月 30 日

核算单位：[001]北京明基设备制造有限公司　　第0065号 - 0001/0002

摘　　要	会　计　科　目	借方金额	贷方金额
计提6月份工资	销售费用/工资	28, 408. 00	
计提6月份工资	管理费用/工资	48, 076. 42	
计提6月份工资	制造费用/工资	19, 896. 00	
计提6月份工资	生产成本/电机车/直接人工	29, 792. 00	
计提6月份工资	应付职工薪酬/工资		111, 976. 32
附单据数　1　张	合计	126, 172. 42	111, 976. 32

财务主管:　　记账:　　复核:　　出纳:　　制单: demo　　经办人:

记账凭证

本币：人民币　单位：元

2016 年　6　月 30 日

核算单位：[001]北京明基设备制造有限公司　　第0065号 - 0002/0002

摘　　要	会　计　科　目	借方金额	贷方金额
计提6月份工资	应付职工薪酬/社会保险费		9, 217. 21
计提6月份工资	应交税费/应交个人所得税		4, 978. 89
附单据数　1　张	合计　壹拾贰万陆仟壹佰柒拾贰元肆角贰分	126, 172. 42	126, 172. 42

财务主管:　　记账:　　复核:　　出纳:　　制单: demo　　经办人:

业务 66：计提折旧

2016 年 6 月 30 日，计提固定资产折旧费 4 727.44 元。

固定资产折旧明细表

序号	品牌	资产名称	单位	数量	预计使用时间	使用日期	原值	残值率	折旧值	已提折旧	应提折旧	累计折旧	净值
1	电子设备	电脑	台	40	36	2016年5月25日	136,752.14	5%	129,914.53	0	3,608.74	3,608.74	6,837.61
		复印机	台	2	36	2016年5月26日	42,393.16	5%	40,273.50	0	1,118.70	1,118.70	2,119.66
		合计					179,145.30		170,188.04	0.00	4,727.44	4,727.44	8,957.27

记账凭证

本币：人民币 单位：元

2016 年 6 月 30 日

核算单位：[001]北京明基设备制造有限公司 第0066号 - 0001/0001

摘 要	会 计 科 目	借方金额	贷方金额
计提折旧费	制造费用/折旧费	1,461.55	
计提折旧费	销售费用/折旧费	902.18	
计提折旧费	管理费用/折旧费	2,363.71	
计提折旧费	累计折旧/电子设备		4,727.44
附单据数 张	合计 肆仟柒佰贰拾柒元肆角肆分	4,727.44	4,727.44

财务主管： 记账： 复核： 出纳： 制单：demo 经办人：

业务 67：摊销租金

2016 年 6 月 30 日，摊销租金 360 360.36 元。

办公楼租金摊销(6月)

单位名称:北京腾飞物业管理公司

名称	总额(元)	摊销期限(月)	已摊销额(元)	月摊销额(元)	本期摊销额(元)	未摊销销(元)
房屋租金	1,081,081.08	12	90,090.09	90,090.09	90,090.09	900,900.90

厂房租金摊销(6月)

单位名称:北京黎明钢结构有限公司

名称	总额(元)	摊销期限(月)	已摊销额(元)	月摊销额(元)	本期摊销额(元)	未摊销销(元)
房屋租金	3,243,243.24	12	270,270.27	270,270.27	270,270.27	2,702,702.7

记账凭证

本币：人民币 单位：元

2016 年 6 月 30 日

核算单位：[001]北京明基设备制造有限公司　　　　第0067号 - 0001/0001

摘 要	会 计 科 目	借方金额	贷方金额
摊销租金	制造费用/租赁费	270,270.27	
摊销租金	管理费用/租赁费	90,090.09	
摊销租金	长期待摊费用/租赁费		90,090.09
摊销租金	长期待摊费用/租赁费		270,270.27
附单据数 1 张	合计 叁拾陆万零叁佰陆拾元叁角陆分	360,360.36	360,360.36

财务主管：　记账：　复核：　出纳：　制单：demo　经办人：

业务 68：分配制造费用

2016 年 6 月 30 日，分配制造费用 322 283. 38 元。

记账凭证

本币：人民币　单位：元

2016 年　6　月 30 日

核算单位：[001]北京明基设备制造有限公司　　第0068号 － 0001/0001

摘　　要	会　计　科　目	借方金额	贷方金额
分配制造费用	生产成本/电机车/制造费用	322, 283. 38	
分配制造费用	制造费用/工资		19, 896. 00
分配制造费用	制造费用/电费		30, 655. 56
分配制造费用	制造费用/折旧费		1, 461. 55
分配制造费用	制造费用/租赁费		270, 270. 27
附单据数　　张	合计　叁拾贰万贰仟贰佰捌拾叁元叁角捌分	322, 283. 38	322, 283. 38

财务主管：　记账：　复核：　出纳：　制单：demo　经办人：

业务 69：结转管理费用

2016 年 6 月 30 日，结转销售费用 31 792.23 元。

记账凭证

本币：人民币　单位：元

2016 年　6　月　30 日

核算单位：[001]北京明基设备制造有限公司　　第0069号 - 0001/0001

摘　　要	会　计　科　目	借方金额	贷方金额
分配销售费用	本年利润	31,792.23	
分配销售费用	销售费用/工资		28,408.00
分配销售费用	销售费用/办公费		2,482.05
分配销售费用	销售费用/折旧费		902.18
附单据数　　张	合计　叁万壹仟柒佰玖拾贰元贰角叁分	31,792.23	31,792.23

财务主管:　　记账:　　复核:　　出纳:　　制单: demo　　经办人:

业务70：结转管理费用

2016年6月30日，结转管理费用171 868.22元。

记账凭证

本币：人民币　单位：元

2016年　6　月　30日

核算单位：[001]北京明基设备制造有限公司　　第0070号 - 0001/0002

摘　要	会 计 科 目	借方金额	贷方金额
结转管理费用	本年利润	171,868.22	
结转管理费用	管理费用/工资		48,076.42
结转管理费用	管理费用/办公费		588.00
结转管理费用	管理费用/差旅费		2,150.00
结转管理费用	管理费用/折旧费		2,363.71
附单据数　张	合计	171,868.22	53,178.13

财务主管：　记账：　复核：　出纳：　制单：demo　经办人：

记账凭证

本币：人民币　单位：元

2016年　6　月　30日

核算单位：[001]北京明基设备制造有限公司　　第0070号 - 0002/0002

摘　要	会 计 科 目	借方金额	贷方金额
结转管理费用	管理费用/业务招待费		3,600.00
结转管理费用	管理费用/租赁费		90,090.09
结转管理费用	管理费用/印花税		25,000.00
附单据数　张	合计 壹拾柒万壹仟捌佰陆拾捌元贰角贰分	171,868.22	171,868.22

财务主管：　记账：　复核：　出纳：　制单：demo　经办人：

Daily Accounting and Taxation

第三篇

企业报表

- 利润表
- 资产负债表
- 增值税纳税申报表
- 增值税减免税申报明细表
- 中华人民共和国企业所得税月（季）度预缴纳税申报表

利润表

会企 02 表

单位名称：北京明基设备制造有限公司　　2016 年 5 月　　单位：元

项目	本期金额	上期金额
一、营业收入		
减：营业成本		
营业税金及附加		
销售费用		
管理费用	394 046.69	394 046.69
财务费用		
资产减值损失		
加：公允价值变动收益（损失以“—”填列）		
投资收益（损失以“—”填列）		
其中：对联营企业和合营企业的投资收益		
二、营业利润（亏损以“—”号填列）	—394 046.69	—394 046.69
加：营业外收入		
减：营业外支出		
其中：非流动资产处置损失		
三、利润总额（亏损总额队“—”号填列）	—394 046.69	—394 046.69
减：所得税费用		
四、净利润（净亏损以“—”号填列）	—394 046.69	—394 046.69
五、每股收益：		
（一）基本每股收益		
（二）稀释每股收益		

资产负债表

会企 01 表

单位名称：北京明基设备制造有限公司　　2016 年 5 月 31 日　　单位：元

资产	期末余额	年初余额	负债及所有者权益（或股东权益）	期末余额	年初余额
流动资产：			流动负债：		
货币资金	44 966 607.00		短期借款		
交易性金融资产			交易性金融负债		
应收票据			应收票据		
应收账款			应付账款		
预付款项	11 853.00		预收款项		
应收利息			应收职工薪酬	25 395.00	
应收股利			应交税费	−505 779.05	
其他应收款	3 967 963.96		应付利息		
存货			应付股利		
一年内到期的非流动资产			其他应付款		
其他流动资产			一年内到期的非流动负债		
流动资产合计	48 946 424.00		其他流动负债		
非流动资产：			流动负债合计	−480 384.05	
可供出售金融资产			非流动负债：		
持有至到期投资			长期借款		
长期应收款			应付债券		
长期股权投资			长期应付款		
投资性房地产			专项应付款		
固定资产	179 145.30		预计负债		
在建工程			递延所得税负债		
工程物资			其他非流动负债		
固定资产清理			非流动负债合计		
生产性生物资产			负债合计	−480 384.05	
油气资产			所有者权益（或股东权益）：		
无形资产			实收资本（或股东）	50 000 000.00	
开发支出			资本公积		
商誉			减：库存股		
长期待摊费用			盈余公积		
递延所得税资产			未分配利润	−394 046.69	
其他非流动资产			所有者权益（或股东权益）合计	49 605 953.31	
非流动资产合计	179 148.00				
资产总计	49 125 569.30		负债和所有者权益（或股东权益）总计	49 125 569.30	

利润表

会企 02 表

单位名称：北京明基设备制造有限公司　　2016 年 6 月　　单位：元

项目	本期金额	上期金额
一、营业收入		
减：营业成本		
营业税金及附加		
销售费用	31 792.23	31 792.23
管理费用	171 668.22	565 714.91
财务费用		
资产减值损失		
加：公允价值变动收益（损失以“—”填列）		
投资收益（损失以“—”填列）		
其中：对联营企业和合营企业的投资收益		
二、营业利润（亏损以“—”号填列）	−203 460.45	−597 507.14
加：营业外收入		
减：营业外支出		
其中：非流动资产处置损失		
三、利润总额（亏损总额队“—”号填列）	−203 460.45	−597 507.14
减：所得税费用		
四、净利润（净亏损以“—”号填列）	−203 460.45	−597 507.14
五、每股收益：		
(一）基本每股收益		
(二）稀释每股收益		

资产负债表

会企 01 表

单位名称：北京明基设备制造有限公司　　2016 年 6 月 30 日　　单位：元

资产	期末余额	年初余额	负债及所有者权益（或股东权益）	期末余额	年初余额
流动资产：			流动负债：		
货币资金	39 825 610.58		短期借款		
交易性金融资产			交易性金融负债		
应收票据			应收票据		
应收账款			应付账款	1 998 482.91	
预付款项			预收款项	3 900 000.00	
应收利息			应收职工薪酬	121 193.53	
应收股利			应交税费	−2 013 704.57	
其他应收款	4 110 603.60		应付利息		
存货	4 720 878.79		应付股利		
一年内到期的非流动资产			其他应付款		
其他流动资产			一年内到期的非流动负债		
流动资产合计	48 657 092.97		其他流动负债		
非流动资产：			流动负债合计	4 005 971.87	
可供出售金融资产			非流动负债：		
持有至到期投资			长期借款		
长期应收款			应付债券		
长期股权投资			长期应付款		
投资性房地产			专项应付款		
固定资产	4 751 371.76		预计负债		
在建工程			递延所得税负债		
工程物资			其他非流动负债		
固定资产清理			非流动负债合计		
生产性生物资产			负债合计	4 005 971.87	
油气资产			所有者权益（或股东权益）：		
无形资产			实收资本（或股东）	50 000 000.00	
开发支出			资本公积		
商誉			减：库存股		
长期待摊费用			盈余公积		
递延所得税资产			未分配利润	−597 507.14	
其他非流动资产			所有者权益（或股东权益）合计	49 402 492.86	
非流动资产合计	4 751 371.76				
资产总计	53 408 464.73		负债和所有者权益（或股东权益）总计	53 408 464.73	

附件 1

增值税纳税申报表

（一般纳税人适用）

根据国家税收法律法规及增值税相关规定制定本表。纳税人不论有无销售额，均应按税务机关核定的纳税期限填写本表，并向当地税务机关申报。

税款所属时间：自 2016 年 5 月 1 日至 2016 年 5 月 31 日　　填表日期：2016 年 6 月 15 日　　金额单位：元至角分

纳税人识别号	6	5	8	9	6	3	2	5	L	K	J	H	G	Y	U	I	5	6			所属行业：制造业

纳税人名称	北京明基设备制造有限公司（公章）	法定代表人姓名	王珊珊	注册地址	北京市海淀区联想桥青云当代大厦 4-1	生产经营地址	北京市海淀区联想桥青云当代大厦 4-1
开户银行及账号	中国建设银行北京中山支行	登记注册类型		有限责任公司		电话号码	010-85696869

	项目	栏次	一般项目		即征即退项目	
			本月数	本年累计	本月数	本年累计
销售额	（一）按适用税率计税销售额	1	—	—	—	—
	其中：应税货物销售额	2	—	—	—	—
	应税劳务销售额	3	—	—	—	—
	纳税检查调整的销售额	4	—	—	—	—
	（二）按简易办法计税销售额	5	—	—	—	—
	其中：纳税检查调整的销售额	6	—	—	—	—
	（三）免、抵、退办法出口销售额	7	—	—	—	—
	（四）免税销售额	8	—	—	—	—
	其中：免税货物销售额	9	—	—	—	—
	免税劳务销售额	10	—	—	—	—
税款计算	销项税额	11	—	—	—	—
	进项税额	12	506 600.47	506 600.47	—	—
	上期留抵税额	13	—	—	—	—
	进项税额转出	14	—	—	—	—
	免、抵、退应退税额	15	—	—	—	—
	按适用税率计算的纳税检查应补缴税额	16	—	—	—	—
	应抵扣税额合计	17=12+13−14−15+16	506 600.47	—		—
	实际抵扣税额	18（如 17＜11，则为 17，否则为 11）	—	—	—	—

续表

项目		栏次	一般项目		即征即退项目	
			本月数	本年累计	本月数	本年累计
税款计算	应纳税额	19＝11－18	—	—		
	期末留抵税额	20＝17－18	506 600.47	506 600.47	—	—
	简易计税办法计算的应纳税额	21	—	—	—	—
	按简易计税办法计算的纳税检查应补缴税额	22	—	—	—	—
	应纳税额减征额	23	—	—	—	—
	应纳税额合计	24＝19＋21－23	—	—	—	—
税款缴纳	期初未缴税额（多缴为负数）	25	—	—	—	—
	实收出口开具专用缴款书退税额	26	—	—	—	—
	本期已缴税额	27＝28＋29＋30＋31	—	—		
	①分次预缴税额	28	—	—	—	—
	②出口开具专用缴款书预缴税额	29	—	—	—	—
	③本期缴纳上期应纳税额	30	—	—	—	—
	④本期缴纳欠缴税额	31	—	—	—	—
	期末未缴税额（多缴为负数）	32＝24＋25＋26－27	—	—	—	—
	其中：欠缴税额（≥0）	33＝25＋26－27	—	—	—	—
	本期应补（退）税额	34＝24－28－29	—	—	—	—
	即征即退实际退税额	35	—	—	—	—
	期初未缴查补税额	36	—	—	—	—
	本期入库查补税额	37	—	—	—	—
	期末未缴查补税额	38＝16＋22＋36－37	—	—	—	—

授权声明	如果你已委托代理人申报，请填写下列资料： 为代理一切税务事宜，现授权 （地址）　　　　为本纳税人的代理申报人，任何与本申报表有关的往来文件，都可寄予此人。 授权人签字：	申报人声明	本纳税申报表是根据国家税收法律法规及相关规定填报的，我确定它是真实的、可靠的、完整的。 声明人签字：

主管税务机关：　　　　接收人：　　　　接收日期：

增值税纳税申报表附列资料（一）

（本期销售情况明细）

税款所属时间：2016 年 5 月 1 日至 2016 年 5 月 31 日

纳税人名称：（公章）北京明基设备制造有限公司　　　　金额单位：元至角分

项目及栏次				开具增值税专用发票		开具其他发票		未开具发票		纳税检查调整		合计			服务、不动产和无形资产扣除项目本期实际扣除金额	扣除后	
				销售额	销项（应纳）税额	销售额	销项（应纳）税额	销售额	销项（应纳）税额	销售额	销项（应纳）税额	销售额	销项（应纳）税额	价税合计		含税（免税）销售额	销项（应纳）税额
				1	2	3	4	5	6	7	8	9=1+3+5+7	10=2+4+6+8	11=9+10	12	13=11−12	14=13÷(100%+税率或征收率)×税率或征收率
一、一般计税方法计税	全部征税项目	17%税率的货物及加工修理修配劳务	1											—	—	—	—
		17%税率的服务、不动产和无形资产	2														
		13%税率	3											—	—	—	—
		11%税率	4														
		6%税率	5														
	其中：即征即退项目	即征即退货物及加工修理修配劳务	6	—	—	—	—	—	—	—	—			—	—	—	—
		即征即退服务、不动产和无形资产	7	—	—	—	—	—	—	—	—						
二、简易计税方法计税	全部征税项目	6%征收率	8							—	—			—	—	—	—
		5%征收率的货物及加工修理修配劳务	9a							—	—			—	—	—	—
		5%征收率的服务、不动产和无形资产	9b							—	—						
		4%征收率	10							—	—			—	—	—	—
		3%征收率的货物及加工修理修配劳务	11							—	—			—	—	—	—
		3%征收率的服务、不动产和无形资产	12							—	—						
		预征率　%	13a							—	—						
		预征率　%	13b							—	—						
		预征率　%	13c							—	—						
	其中：即征即退项目	即征即退货物及加工修理修配劳务	14	—	—	—	—	—	—	—	—			—	—	—	—
		即征即退服务、不动产和无形资产	15	—	—	—	—	—	—	—	—						
三、免抵退税	货物及加工修理修配劳务		16	—	—		—		—	—	—		—	—	—	—	—
	服务、不动产和无形资产		17	—	—		—		—	—	—		—				—
四、免税	货物及加工修理修配劳务		18				—		—	—	—		—	—	—	—	—
	服务、不动产和无形资产		19	—	—		—		—	—	—		—				—

增值税纳税申报表附列资料（二）

（本期进项税额明细）

税款所属时间：2016 年 5 月 1 日至 2016 年 5 月 31 日

纳税人名称：（公章）北京明基设备制造有限公司　　　　金额单位：元至角分

一、申报抵扣的进项税额				
项目	栏次	份数	金额	税额
（一）认证相符的增值税专用发票	1=2+3	7	4 507 379.58	506 600.47
其中：本期认证相符且本期申报抵扣	2	7	4 507 379.58	506 600.47
前期认证相符且本期申报抵扣	3		—	—
（二）其他扣税凭证	4=5+6+7+8	0	—	—
其中：海关进口增值税专用缴款书	5	0	—	—
农产品收购发票或者销售发票	6	0	—	—
代扣代缴税收缴款凭证	7	0	—	—
其他	8	0	—	—
（三）本期用于购建不动产的扣税凭证	9	0	—	—
（四）本期不动产允许抵扣进项税额	10	—	—	—
（五）外贸企业进项税额抵扣证明	11	—	—	—
当期申报抵扣进项税额合计	12=1+4−9+10+11	7	4 507 379.58	506 600.47

二、进项税额转出额		
项目	栏次	税额
本期进项税额转出额	13=14 至 23 之和	—
其中：免税项目用	14	—
集体福利、个人消费	15	—
非正常损失	16	—
简易计税方法征税项目用	17	—
免抵退税办法不得抵扣的进项税额	18	—
纳税检查调减进项税额	19	—
红字专用发票信息表注明的进项税额	20	—
上期留抵税额抵减欠税	21	—
上期留抵税额退税	22	—
其他应作进项税额转出的情形	23	—

三、待抵扣进项税额				
项目	栏次	份数	金额	税额
（一）认证相符的增值税专用发票	24	—	—	—
期初已认证相符但未申报抵扣	25			
本期认证相符且本期未申报抵扣	26			
期末已认证相符但未申报抵扣	27			
其中：按照税法规定不允许抵扣	28			

续表

项目	栏次	份数	金额	税额
（二）其他扣税凭证	29＝30至33之和			
其中：海关进口增值税专用缴款书	30			
农产品收购发票或者销售发票	31			
代扣代缴税收缴款凭证	32		—	
其他	33			
	34			
四、其他				
项目	栏次	份数	金额	税额
本期认证相符的增值税专用发票	35	7	4 507 379.58	506 600.47
代扣代缴税额	36	—	—	

增值税纳税申报表附列资料（三）

（服务、不动产和无形资产扣除项目明细）

税款所属时间：2016年5月1日至2016年5月31日

纳税人名称：（公章）北京明基设备制造有限公司　　　　金额单位：元至角分

项目及栏次		本期服务、不动产和无形资产价税合计额（免税销售额）	服务、不动产和无形资产扣除项目				
			期初余额	本期发生额	本期应扣除金额	本期实际扣除金额	期末余额
		1	2	3	4＝2＋3	5（5≤1且5≤4）	6＝4－5
17%税率的项目	1						
11%税率的项目	2						
6%税率的项目（不含金融商品转让）	3						
6%税率的金融商品转让项目	4						
5%征收率的项目	5						
3%征收率的项目	6						
免抵退税的项目	7						
免税的项目	8						

增值税纳税申报表附列资料（四）

（税额抵减情况表）

税款所属时间：2016 年 5 月 1 日至 2016 年 5 月 31 日

纳税人名称：（公章）北京明基设备制造有限公司　　金额单位：元至角分

序号	抵减项目	期初余额	本期发生额	本期应抵减税额	本期实际抵减税额	期末余额
		1	2	3＝1＋2	4≤3	5＝3－4
1	增值税税控系统专用设备费及技术维护费					
2	分支机构预征缴纳税款					
3	建筑服务预征缴纳税款					
4	销售不动产预征缴纳税款					
5	出租不动产预征缴纳税款					

固定资产（不含不动产）进项税额抵扣情况表

纳税人名称（公章）：北京明基设备制造有限公司

填表日期：2016 年 6 月 15 日　　金额单位：元至角分

项目	当期申报抵扣的固定资产进项税额	申报抵扣的固定资产进项税额累计
增值税专用发票		
海关进口增值税专用缴款书		
合计		

附件 1

本期抵扣进项税额结构明细表

税款所属时间：2016 年 5 月 1 日至 2016 年 5 月 31 日

纳税人名称：（公章）北京明基设备制造有限公司　　　　金额单位：元至角分

项目	栏次	金额	税额
合计	1＝2＋4＋5＋11＋16＋18＋27＋29＋30	4 507 379.58	506 600.47
一、按税率或征收率归集（不包括购建不动产、通行费）的进项			
17%税率的进项	2	179 811.94	30 568.03
其中：有形动产租赁的进项	3		
13%税率的进项	4		
11%税率的进项	5		
其中：运输服务的进项	6		
电信服务的进项	7	3 243.24	356.76
建筑安装服务的进项	8		
不动产租赁服务的进项	9	4 324 324.40	475 675.68
受让土地使用权的进项	10		
6%税率的进项	11		
其中：电信服务的进项	12		
金融保险服务的进项	13		
生活服务的进项	14		
取得无形资产的进项	15		
5%征收率的进项	16		
其中：不动产租赁服务的进项	17		
3%征收率的进项	18		
其中：货物及加工、修理修配劳务的进项	19		
运输服务的进项	20		
电信服务的进项	21		
建筑安装服务的进项	22		
金融保险服务的进项	23		
有形动产租赁服务的进项	24		
生活服务的进项	25		
取得无形资产的进项	26		
减按 1.5%征收率的进项	27		
	28		
二、按抵扣项目归集的进项			
用于购建不动产并一次性抵扣的进项	29		
通行费的进项	30		
	31		
	32		

增值税减免税申报明细表

税款所属时间：2016 年 5 月 1 日至 2016 年 5 月 31 日

纳税人名称（公章）：北京明基设备制造有限公司　　　　金额单位：元至角分

一、减税项目						
减税性质代码及名称	栏次	期初余额	本期发生额	本期应抵减税额	本期实际抵减税额	期末余额
		1	2	3=1+2	4≤3	5=3-4
合计	1					
	2					
	3					
	4					
	5					
	6					

二、免税项目						
免税性质代码及名称	栏次	免征增值税项目销售额	免税销售额扣除项目本期实际扣除金额	扣除后免税销售额	免税销售额对应的进项税额	免税额
		1	2	3=1-2	4	5
合计	7					
出口免税	8		—	—	—	—
其中：跨境服务	9		—	—	—	—
	10					
	11					
	12					
	13					
	14					
	15					
	16					

附件 1

增值税纳税申报表

（一般纳税人适用）

根据国家税收法律法规及增值税相关规定制定本表。纳税人不论有无销售额，均应按税务机关核定的纳税期限填写本表，并向当地税务机关申报。

税款所属时间：自 2016 年 6 月 1 日至 2016 年 6 月 30 日　　填表日期：2016 年 7 月 8 日　　金额单位：元至角分

纳税人识别号	6	5	8	9	6	3	2	5	L	K	J	H	G	Y	U	I	5	6			所属行业：制造业

纳税人名称	北京明基设备制造有限公司（公章）	法定代表人姓名	王珊珊	注册地址	北京市海淀区联想桥青云当代大厦 4-1	生产经营地址	北京市海淀区联想桥青云当代大厦 4-1
开户银行及账号	中国建设银行北京中山支行	登记注册类型		有限责任公司		电话号码	010-85696869

	项目	栏次	一般项目		即征即退项目	
			本月数	本年累计	本月数	本年累计
销售额	（一）按适用税率计税销售额	1	—	—	—	—
	其中：应税货物销售额	2	—	—	—	—
	应税劳务销售额	3	—	—	—	—
	纳税检查调整的销售额	4	—	—	—	—
	（二）按简易办法计税销售额	5	—	—	—	—
	其中：纳税检查调整的销售额	6	—	—	—	—
	（三）免、抵、退办法出口销售额	7	—	—	—	—
	（四）免税销售额	8	—	—	—	—
	其中：免税货物销售额	9	—	—	—	—
	免税劳务销售额	10	—	—	—	—
税款计算	销项税额	11	—	—	—	—
	进项税额	12	1 512 082.99	2 018 683.46	—	—
	上期留抵税额	13	506 600.47	506 600.47	—	—
	进项税额转出	14	—	—	—	—
	免、抵、退应退税额	15	—	—	—	—
	按适用税率计算的纳税检查应补缴税额	16	—	—	—	—
	应抵扣税额合计	17=12+13-14-15+16	2 018 683.46	—		—
	实际抵扣税额	18（如 17<11，则为 17，否则为 11）	—	—	—	—

续表

项目		栏次	一般项目		即征即退项目	
			本月数	本年累计	本月数	本年累计
税款计算	应纳税额	19=11−18	—	—		
	期末留抵税额	20=17−18	2 018 683.46	2 018 683.46	—	—
	简易计税办法计算的应纳税额	21	—	—	—	—
	按简易计税办法计算的纳税检查应补缴税额	22	—	—	—	—
	应纳税额减征额	23	—	—	—	—
	应纳税额合计	24=19+21−23	—	—	—	—
税款缴纳	期初未缴税额（多缴为负数）	25	—	—	—	—
	实收出口开具专用缴款书退税额	26	—	—	—	—
	本期已缴税额	27=28+29+30+31	—	—		
	①分次预缴税额	28	—	—	—	—
	②出口开具专用缴款书预缴税额	29	—	—	—	—
	③本期缴纳上期应纳税额	30	—	—	—	—
	④本期缴纳欠缴税额	31	—	—	—	—
	期末未缴税额（多缴为负数）	32=24+25+26−27	—	—	—	—
	其中：欠缴税额（≥0）	33=25+26−27	—	—	—	—
	本期应补（退）税额	34=24−28−29	—	—	—	—
	即征即退实际退税额	35	—	—	—	—
	期初未缴查补税额	36	—	—	—	—
	本期入库查补税额	37	—	—	—	—
	期末未缴查补税额	38=16+22+36−37	—	—	—	—

授权声明	如果你已委托代理人申报，请填写下列资料： 为代理一切税务事宜，现授权 （地址）　　　　为本纳税人的代理申报人，任何与本申报表有关的往来文件，都可寄予此人。 授权人签字：	申报人声明	本纳税申报表是根据国家税收法律法规及相关规定填报的，我确定它是真实的、可靠的、完整的。 声明人签字：

主管税务机关：　　　　接收人：　　　　接收日期：

增值税纳税申报表附列资料（一）

（本期销售情况明细）

税款所属时间：2016 年 6 月 1 日至 2016 年 6 月 30 日

纳税人名称：（公章）北京明基设备制造有限公司　　　　金额单位：元至角分

项目及栏次				开具增值税专用发票		开具其他发票		未开具发票		纳税检查调整		合计			服务、不动产和无形资产扣除项目本期实际扣除金额	扣除后	
				销售额	销项（应纳）税额	销售额	销项（应纳）税额	销售额	销项（应纳）税额	销售额	销项（应纳）税额	销售额	销项（应纳）税额	价税合计		含税（免税）销售额	销项（应纳）税额
				1	2	3	4	5	6	7	8	9=1+3+5+7	10=2+4+6+8	11=9+10	12	13=11−12	14=13÷(100%+税率或征收率)×税率或征收率
一、一般计税方法计税	全部征税项目	17%税率的货物及加工修理修配劳务	1											—	—	—	—
		17%税率的服务、不动产和无形资产	2														
		13%税率	3											—	—	—	—
		11%税率	4														
		6%税率	5														
	其中：即征即退项目	即征即退货物及加工修理修配劳务	6	—	—	—	—	—	—	—	—			—	—	—	—
		即征即退服务、不动产和无形资产	7	—	—	—	—	—	—	—	—						
二、简易计税方法计税	全部征税项目	6%征收率	8							—	—			—	—	—	—
		5%征收率的货物及加工修理修配劳务	9a							—	—			—	—	—	—
		5%征收率的服务、不动产和无形资产	9b							—	—						
		4%征收率	10							—	—			—	—	—	—
		3%征收率的货物及加工修理修配劳务	11							—	—			—	—	—	—
		3%征收率的服务、不动产和无形资产	12							—	—						
		预征率　%	13a							—	—						
		预征率　%	13b							—	—						
		预征率　%	13c							—	—						
	其中：即征即退项目	即征即退货物及加工修理修配劳务	14	—	—	—	—	—	—	—	—			—	—	—	—
		即征即退服务、不动产和无形资产	15	—	—	—	—	—	—	—	—						
三、免抵退税		货物及加工修理修配劳务	16	—	—		—		—	—	—		—	—	—	—	—
		服务、不动产和无形资产	17	—	—		—		—	—	—		—				—
四、免税		货物及加工修理修配劳务	18				—		—	—	—		—	—	—	—	—
		服务、不动产和无形资产	19	—	—		—		—	—	—		—				—

增值税纳税申报表附列资料（二）

（本期进项税额明细）

税款所属时间：2016 年 6 月 1 日至 2016 年 6 月 30 日

纳税人名称：（公章）北京明基设备制造有限公司　　　　金额单位：元至角分

一、申报抵扣的进项税额

项目	栏次	份数	金额	税额
（一）认证相符的增值税专用发票	1=2+3	7	8 902 929.05	1 512 082.99
其中：本期认证相符且本期申报抵扣	2	7	8 902 929.05	1 512 082.99
前期认证相符且本期申报抵扣	3		—	—
（二）其他扣税凭证	4=5+6+7+8	0	—	—
其中：海关进口增值税专用缴款书	5	0	—	—
农产品收购发票或者销售发票	6	0	—	—
代扣代缴税收缴款凭证	7	0	—	—
其他	8	0	—	—
（三）本期用于购建不动产的扣税凭证	9	0	—	—
（四）本期不动产允许抵扣进项税额	10	—	—	—
（五）外贸企业进项税额抵扣证明	11	—	—	—
当期申报抵扣进项税额合计	12=1+4−9+10+11	7	8 902 929.05	1 512 082.99

二、进项税额转出额

项目	栏次	税额
本期进项税额转出额	13=14 至 23 之和	—
其中：免税项目用	14	—
集体福利、个人消费	15	—
非正常损失	16	—
简易计税方法征税项目用	17	—
免抵退税办法不得抵扣的进项税额	18	—
纳税检查调减进项税额	19	—
红字专用发票信息表注明的进项税额	20	—
上期留抵税额抵减欠税	21	—
上期留抵税额退税	22	—
其他应作进项税额转出的情形	23	—

三、待抵扣进项税额

项目	栏次	份数	金额	税额
（一）认证相符的增值税专用发票	24	—	—	—
期初已认证相符但未申报抵扣	25			
本期认证相符且本期未申报抵扣	26			
期末已认证相符但未申报抵扣	27			
其中：按照税法规定不允许抵扣	28			
（二）其他扣税凭证	29=30 至 33 之和			
其中：海关进口增值税专用缴款书	30			
农产品收购发票或者销售发票	31			
代扣代缴税收缴款凭证	32		—	
其他	33			
	34			

四、其他

项目	栏次	份数	金额	税额
本期认证相符的增值税专用发票	35	7	8 902 929.05	1 512 082.99
代扣代缴税额	36	—	—	

增值税纳税申报表附列资料（三）

（服务、不动产和无形资产扣除项目明细）

税款所属时间：2016年6月1日至2016年6月30日

纳税人名称：（公章）北京明基设备制造有限公司　　　　金额单位：元至角分

项目及栏次		本期服务、不动产和无形资产价税合计额（免税销售额）	服务、不动产和无形资产扣除项目				
			期初余额	本期发生额	本期应扣除金额	本期实际扣除金额	期末余额
		1	2	3	4=2+3	5（5≤1且5≤4）	6=4-5
17%税率的项目	1						
11%税率的项目	2						
6%税率的项目（不含金融商品转让）	3						
6%税率的金融商品转让项目	4						
5%征收率的项目	5						
3%征收率的项目	6						
免抵退税的项目	7						
免税的项目	8						

增值税纳税申报表附列资料（四）

（税额抵减情况表）

税款所属时间：2016年6月1日至2016年6月30日

纳税人名称：（公章）北京明基设备制造有限公司　　　　金额单位：元至角分

序号	抵减项目	期初余额	本期发生额	本期应抵减税额	本期实际抵减税额	期末余额
		1	2	3=1+2	4≤3	5=3-4
1	增值税税控系统专用设备费及技术维护费					
2	分支机构预征缴纳税款					
3	建筑服务预征缴纳税款					
4	销售不动产预征缴纳税款					
5	出租不动产预征缴纳税款					

增值税纳税申报表附列资料（五）

（不动产分期抵扣计算表）

税款所属时间：2016 年 6 月 1 日至 2016 年 6 月 30 日

纳税人名称：（公章）北京明基设备制造有限公司　　　　金额单位：元至角分

期初待抵扣不动产进项税额	本期不动产进项税额增加额	本期可抵扣不动产进项税额	本期转入的待抵扣不动产进项税额	本期转出的待抵扣不动产进项税额	期末待抵扣不动产进项税额
1	2	3≤1+2+4	4	5≤1+4	6=1+2−3+4−5

固定资产（不含不动产）进项税额抵扣情况表

纳税人名称（公章）：北京明基设备制造有限公司

填表日期：2016 年 7 月 8 日　　　　金额单位：元至角分

项目	当期申报抵扣的固定资产进项税额	申报抵扣的固定资产进项税额累计
增值税专用发票		
海关进口增值税专用缴款书		
合计		

附件 1

本期抵扣进项税额结构明细表

税款所属时间： 年 月 日至 年 月 日

纳税人名称：（公章）北京明基设备制造有限公司 金额单位：元至角分

项目	栏次	金额	税额
合计	1=2+4+5+11+16+18+27+29+30	8 902 929.05	1 512 082.99
一、按税率或征收率归集（不包括购建不动产、通行费）的进项			
17%税率的进项	2	8 890 065.88	1 511 311.20
其中：有形动产租赁的进项	3		
13%税率的进项	4		
11%税率的进项	5		
其中：运输服务的进项	6		
电信服务的进项	7		
建筑安装服务的进项	8		
不动产租赁服务的进项	9		
受让土地使用权的进项	10		
6%税率的进项	11	12 863.17	771.79
其中：电信服务的进项	12		
金融保险服务的进项	13	12 863.17	771.79
生活服务的进项	14		
取得无形资产的进项	15		
5%征收率的进项	16		
其中：不动产租赁服务的进项	17		
3%征收率的进项	18		
其中：货物及加工、修理修配劳务的进项	19		
运输服务的进项	20		
电信服务的进项	21		
建筑安装服务的进项	22		
金融保险服务的进项	23		
有形动产租赁服务的进项	24		
生活服务的进项	25		
取得无形资产的进项	26		
减按1.5%征收率的进项	27		
	28		
二、按抵扣项目归集的进项			
用于购建不动产并一次性抵扣的进项	29		
通行费的进项	30		
	31		
	32		

增值税减免税申报明细表

税款所属时间：2016 年 6 月 1 日至 2016 年 6 月 30 日

纳税人名称（公章）：北京明基设备制造有限公司　　金额单位：元至角分

一、减税项目						
减税性质代码及名称	栏次	期初余额	本期发生额	本期应抵减税额	本期实际抵减税额	期末余额
		1	2	3=1+2	4≤3	5=3−4
合计	1					
	2					
	3					
	4					
	5					
	6					

二、免税项目						
免税性质代码及名称	栏次	免征增值税项目销售额	免税销售额扣除项目本期实际扣除金额	扣除后免税销售额	免税销售额对应的进项税额	免税额
		1	2	3=1−2	4	5
合计	7					
出口免税	8		—	—	—	—
其中：跨境服务	9		—	—	—	—
	10					
	11					
	12					
	13					
	14					
	15					
	16					

中华人民共和国企业所得税月（季）度预缴纳税申报表（A类，2015年版）

税款所属期间：2016年4月1日至2016年6月30日

纳税人识别号：236548963214526

纳税人名称：北京明基设备制造有限公司　　　　金额单位：人民币元（列至角分）

<table>
<tr><th>行次</th><th colspan="2">项目</th><th>本期金额</th><th>累计金额</th></tr>
<tr><td>1</td><td colspan="4">一、按照实际利润额预缴</td></tr>
<tr><td>2</td><td colspan="2">营业收入</td><td></td><td></td></tr>
<tr><td>3</td><td colspan="2">营业成本</td><td>597 507.14</td><td>597 507.14</td></tr>
<tr><td>4</td><td colspan="2">利润总额</td><td>−597 507.14</td><td>−597 507.14</td></tr>
<tr><td>5</td><td colspan="2">加：特定业务计算的应纳税所得额</td><td></td><td></td></tr>
<tr><td>6</td><td colspan="2">减：不征税收入和税基减免应纳税所得额（请填附表1）</td><td></td><td></td></tr>
<tr><td>7</td><td colspan="2">固定资产加速折旧（扣除）调减额（请填附表2）</td><td></td><td></td></tr>
<tr><td>8</td><td colspan="2">弥补以前年度亏损</td><td></td><td></td></tr>
<tr><td>9</td><td colspan="2">实际利润额（4行＋5行－6行－7行－8行）</td><td>−597 507.14</td><td>−597 507.14</td></tr>
<tr><td>10</td><td colspan="2">税率（25%）</td><td></td><td></td></tr>
<tr><td>11</td><td colspan="2">应纳所得税额（9行×10行）</td><td></td><td></td></tr>
<tr><td>12</td><td colspan="2">减：减免所得税额（请填附表3）</td><td></td><td></td></tr>
<tr><td>13</td><td colspan="2">实际已预缴所得税额</td><td>—</td><td></td></tr>
<tr><td>14</td><td colspan="2">特定业务预缴（征）所得税额</td><td></td><td></td></tr>
<tr><td>15</td><td colspan="2">应补（退）所得税额（11行－12行－13行－14行）</td><td>—</td><td></td></tr>
<tr><td>16</td><td colspan="2">减：以前年度多缴在本期抵缴所得税额</td><td></td><td></td></tr>
<tr><td>17</td><td colspan="2">本月（季）实际应补（退）所得税额</td><td>—</td><td></td></tr>
<tr><td>18</td><td colspan="4">二、按照上一纳税年度应纳税所得额平均额预缴</td></tr>
<tr><td>19</td><td colspan="2">上一纳税年度应纳税所得额</td><td>—</td><td></td></tr>
<tr><td>20</td><td colspan="2">本月（季）应纳税所得额（19行×1/4或1/12）</td><td></td><td></td></tr>
<tr><td>21</td><td colspan="2">税率（25%）</td><td></td><td></td></tr>
<tr><td>22</td><td colspan="2">本月（季）应纳所得税额（20行×21行）</td><td></td><td></td></tr>
<tr><td>23</td><td colspan="2">减：减免所得税额（请填附表3）</td><td></td><td></td></tr>
<tr><td>24</td><td colspan="2">本月（季）实际应纳所得税额（22行－23行）</td><td></td><td></td></tr>
<tr><td>25</td><td colspan="4">三、按照税务机关确定的其他方法预缴</td></tr>
<tr><td>26</td><td colspan="2">本月（季）税务机关确定的预缴所得税额</td><td></td><td></td></tr>
<tr><td>27</td><td colspan="4">总分机构纳税人</td></tr>
<tr><td>28</td><td rowspan="4">总机构</td><td>总机构分摊所得税额（15行或24行或26行×总机构分摊预缴比例）</td><td></td><td></td></tr>
<tr><td>29</td><td>财政集中分配所得税额</td><td></td><td></td></tr>
<tr><td>30</td><td>分支机构分摊所得税额（15行或24行或26行×分支机构分摊比例）</td><td></td><td></td></tr>
<tr><td>31</td><td>其中：总机构独立生产经营部门应分摊所得税额</td><td></td><td></td></tr>
<tr><td>32</td><td rowspan="2">分支机构</td><td>分配比例</td><td></td><td></td></tr>
<tr><td>33</td><td>分配所得税额</td><td></td><td></td></tr>
</table>

是否属于小型微利企业：　　是□　　否□

谨声明：此纳税申报表是根据《中华人民共和国企业所得税法》、《中华人民共和国企业所得税法实施条例》和国家有关税收规定填报的，是真实的、可靠的、完整的。

法定代表人（签字）：　　年　月　日

纳税人公章： 会计主管： 填表日期：　年　月　日	代理申报中介机构公章： 经办人： 经办人执业证件号码： 代理申报日期：　年　月　日	主管税务机关受理专用章： 受理人： 受理日期：　年　月　日